Jan Küpper

Für immer Grün-Weiß

Mein Leben als Werder-Fan

Jan Küpper

Für immer Grün-Weiß

Mein Leben als Werder-Fan

VERLAG DIE WERKSTATT

Bibliografische Information der Deutschen Bibliothek:
Die Deutsche Bibliothek verzeichnet diese Publikation in
der Deutschen Nationalbibliografie; detaillierte bibliografische Daten
sind im Internet über http://dnb.ddb.de abrufbar.

Lotzestraße 24a, D-37083 Göttingen
www.werkstatt-verlag.de

Satz und Gestaltung: Verlag Die Werkstatt
Druck und Bindung: Clausen & Bosse, Leck

ISBN 978-3-89533-589-1

Inhalt

VORWORT

»Mentale Vorbereitung …«

Warum nur? Diese Frage stelle ich mir nicht nur, wenn mein Verein, der ruhmreiche SV Werder Bremen, gerade mal wieder ein wichtiges Spiel vermasselt hat – nein, auch während ich diese Zeilen schreibe: Warum nur bin ich der Meinung, dass ausgerechnet mein bewegtes Leben als grün-weißer Anhänger es wert ist, auf Papier festgehalten zu werden? Und noch viel schlimmer: Warum denke ich, dass es irgendjemanden da draußen auch noch interessieren könnte? Ich bin nämlich normalerweise von der Schriftstellerei so weit entfernt wie der 1. FC Köln von der Champions League.

Die Antwort darauf, warum ich dieses Buch schreiben muss, lautet in erster Linie: purer Egoismus. Als Kind träumte ich immer davon, Sportjournalist zu werden, denn – wie viele andere Fußballfans auch – bildete ich mir ein, mindestens genauso viel Fachwissen zu besitzen wie die Jungs aus den Medien. Als meine Mutter »Atti« mir aber erklärte, dass man erst lange studieren müsse, bevor man sich Journalist nennen dürfe, gab ich lieber auf dem Fußballplatz etwas mehr Gas. Vielleicht würde ich es ja zum Profifußballer bringen, allerdings war der Erfolg eher bescheiden, um es mal höflich zu formulieren. Auch diese (negative) Erfahrung dürfte ich mit vielen anderen Fans gemeinsam haben.

Da es in meinem Leben überraschenderweise noch andere Dinge als Fußball gab (die in diesem Buch aber keine allzu große Rolle spielen sollen) entschied ich mich für eine »normale« Schul- und Berufslaufbahn, ohne Profifußball. Dieses Buch soll nun diesen unerfüllten Wunsch stillen, einmal etwas über das zu schreiben, was mich seit 20 Jahren, und zwar Tag für Tag (und viel zu oft auch nachts …), beschäftigt. Mein Kopf ist voller Werder-Erinnerungen, die endlich aufs Papier müssen, damit dort oben im Hirn in Zukunft wieder Platz für Neues ist.

Ein weiterer Grund ist, dass es viele Gleichgesinnte gibt, seien es Werder-Anhänger oder Fans von anderen Vereinen, die so manche Situation selbst mitgemacht haben und mitfühlen können. Die weniger fanatischen Leser sollten dieses Buch jetzt aber bitte nicht weglegen, sondern sich durch die Kapitel »quälen«, um am Ende wenigstens über uns Fußballfans schmunzeln zu können …

Ich widme dieses Buch allen Leidensgenossen und all denen, die diese Leiden und andere Gefühlsausbrüche von uns ertragen müssen, besonders meiner lieben Frau Marion.

KAPITEL 1

Saison 1985/86: Was bin ich?

Es muss im Sommer ’85 angefangen haben. Meine eineinhalb Jahre ältere Schwester Evi kam mit einem Panini-Sammelalbum von der Schule. Das sind diese Heftchen, in denen alle Bundesligavereine und -spieler aufgeführt werden und deren leere Felder dann mit den passenden Klebebildern, die es an jeder Supermarktkasse zu kaufen gibt, gefüllt werden müssen. Ich wusste anfangs gar nichts damit anzufangen, obwohl ich mir selbst fast täglich als Torwart von meinem Cousin Michael in der Garageneinfahrt die Bälle um die Ohren schießen ließ. Fußball fand für mich nur auf dem Hof statt.

Mit damals acht Jahren sah ich also zum ersten Mal die Fotos verschiedener Bundesligaspieler. In so einem Heft sind natürlich um die 350 Profis; wer, bitte schön, ist jetzt angesagt, wer hat das Zeug, mein Idol zu werden? Was macht man als ahnungsloser Knabe? Man orientiert sich an seiner älteren Schwester!

»Guck mal, Jan, das ist mein Lieblingsspieler!«

Da war ich ja gespannt.

»Rudi Völler! Ist der nicht süß?!«

Mit 20 Jahren Abstand kann ich behaupten, dass Rudi Völler vielleicht bis heute der süßeste Bundestrainer war, aber in die Sweet-Top-Ten des Panini-Albums Jahrgang 85/86 ist er bei mir damals nicht gekommen, egal. Aber man hatte nun schon mal einen Namen gehört… Ich war aber noch skeptisch. Dass man mit Aussehen allein noch kein guter Fußballer war, wusste selbst ich damals schon. Da brauchte es noch weitere Überzeugungsarbeit in Sachen »Fußballidol Rudi Völler«.

Kurze Zeit später kriegte ich zu Ohren, wie Papa mit Schwester Evi zu einem Fußballspiel fahren wollte, um seiner Tochter mal ihren »süßen Rudi« live vorzuführen. Sie waren fast im Auto, als Papa fragte: »Was ist, Jänsken? Willst du mit zum Fußball?«

Ich nickte gelangweilt, legte meine »Kindheitshelden« HeMan und Skeletor beiseite und fuhr mit. Evi war schwer aufgeregt, sie erklärte mir, dass wir jetzt nach Schalke fahren, um Rudi zu sehen. Schalke 04 gegen Werder Bremen. Um was es bei diesem Spiel ging, habe ich damals nicht geschnallt. Evi will den Rudi sehen, und ich fahre halt mit. War ja der einzige Spieler, den ich kannte.

Im Stadion angekommen, musste ich mich erst mal auf der Haupttribüne des Parkstadions zurechtfinden: Wo ist Rudi, wo spielt er, wer sind die Blauen und wer die Grün-Weißen? Wer in welches Tor schießen musste, wusste ich ja schon vom Bolzen – nämlich immer in das gegenüberliegende…

Okay, Rudi Völler spielte bei Werder, den Grün-Weißen. Lustigerweise hatte ich auch ein paar grün-weiße Menschen hinter einem Tor ausgemacht: »Das ist ja nett, dass sie sich alle für den Rudi so was anziehen.«

Mit Schrecken stellte ich aber fest, dass es auch Blau-Weiße gab, die also nicht wegen Rudi hier waren. Und schlimmer noch: Das waren bestimmt 30-mal so viele wie die Grün-Weißen. Vor dem Spiel wusste ich also schon mal, dass ich allein aus Solidarität zur Minderheit, zu Werder Bremen halten musste. Ist ja auch gemein, wenn die eine Mannschaft mehr Unterstützung bekommt als die andere …

An den Spielverlauf kann ich mich nicht mehr erinnern, bis auf das 1:0-Siegtor von, wie soll es anders sein, Rudi Völler. Diesen Kopfball werde ich nie vergessen. Und die Flanke natürlich auch nicht, aber wer hat sie geschlagen? Da hörte mein Wissen schon auf. Ich meine mittlerweile, mit 20 Jahren Verspätung, auf einem alten Video Norbert Meier erkannt zu haben. Es war bestimmt nicht das schönste der 97 Völler-Tore für Werder, aber »mein erstes«.

Als Ahnungsloser hört man natürlich nicht nur auf seine ältere Schwester, nein, man macht es sich ganz leicht und hält auch zu dem Sieger. Und der hieß an jenem Abend praktischerweise Werder Bremen. Heute kann ich sagen: »Gott sei Dank!« Und der Gott hieß Rudi. Nicht auszudenken, ich wäre dem Schalker Stürmer Klaus Täuber verfallen, wenn er die Knappen zum Sieg geschossen hätte …

Von der Zeit nach diesem Spiel weiß ich nicht mehr viel, außer, dass ich fleißig Panini-Bilder gesammelt habe. Ergebnisse und Tabellen waren noch nicht so mein Ding. Wahrscheinlich lag es auch daran, dass Augenthaler damals Rudi Völler mit einem bösen Foul für lange Zeit außer Gefecht gesetzt hatte und mir so der wirkliche Bezug zu Werder fehlte.

Im Winter 85/86 machten wir einen Kurzurlaub in München. Papa – wie ich rausgefunden hatte, ein Bayern-Fan, was mir aber total egal war – hatte die Idee, ins Olympiastadion zu gehen. Warum nicht, endlich wieder Rudi gucken, dachte ich. Mir wurde dann gesagt, dass heute München gegen Hannover 96 spielt. Also kein Rudi. Im Stadion sahen wir dann ein ganz flottes Spielchen, welches die Bayern mit 6:0 gewannen und das mir sehr viel Freude gemacht hatte, da ich jetzt mehr Tore zu sehen bekam als in Gelsenkirchen bei Werders Sieg. Der Spaß endete aber mit dem vierten Bayern-Treffer. Da nämlich schimpfte Evi, ich solle nicht so klatschen, da es für Werder und Rudi überhaupt nicht lustig ist, wenn die Bayern hier so viele Tore schießen. Ich hörte auf zu klatschen. Aber richtig kapiert hab ich damals nicht, was an diesen Toren so schlecht sein sollte.

Die nächste Erinnerung aus dieser Saison sollte erst einige Zeit später so richtig an Geltung gewinnen: Werder gegen Bayern. Papa sagte, wenn Werder gewinnt, sind sie Deutscher Meister! Ich dachte, das hört sich gut an: »Deutscher Meister!« Abends schauten Papa, Mama, Evi und ich das Spiel im Fernsehen. Ich kann mich nur noch erinnern, wie auf einmal Rudi Völler an der Seitenlinie stand und eingewechselt wurde, beim Stand von 0:0. Kurz darauf schoss er Sören Lerby, den ich mittlerweile aus dem Panini-Album kannte, den Ball mitten ins Gesicht. Und weil das im Strafraum passiert war, gab der Schiedsrichter in der letzten Minute netterweise Elfmeter für Werder – weil er ein Handspiel bei Lerby gesehen haben wollte. Elfmeter kannte ich natürlich vom Bolzen. Sollte ein sicheres Tor sein.

Papa war verzweifelt: »Nie im Leben Elfmeter, das darf doch nicht wahr sein!«

Ich blickte gebannt auf den Schützen und stellte erschrocken fest, dass es gar nicht der Rudi ist, der den Elfmeter schießen darf. Ein Spieler namens Michael Kutzop (sein Paninibild hatte ich noch nicht) lief an und – »peng«! Pfosten! 0:0. Papa lachte laut, es hörte sich irgendwie an wie das Lachen von JR Ewing aus Dallas. Furchtbar angeberisch. Und ich dachte nur, hätten sie mal den Rudi schießen lassen. Dass Kutzop jeden Elfer vorher und nachher verwandelt hatte, wusste ich damals noch nicht.

Der Rest ist jedem eingefleischten Fan bekannt. Werder verliert am letzten Spieltag in Stuttgart, und Bayern fegt Gladbach mit 6:0 vom Platz und wird Meister aufgrund des besseren Torverhältnisses. Ich hab davon nebenbei beim Tennistraining erfahren, von meinem Cousin Michael, der ebenfalls Bayern-Fan ist. Mir tat das aber komischerweise nicht sonderlich weh.

Aber das kam noch, keine Sorge. Werder hatte zwar was verloren, aber ich hatte einen Verein gewonnen.

KAPITEL 2

Saison 1986/87: Regel- und Leidenskunde

Nach dem letzten Spieltag 1986 war ich traurig, dass jetzt Bundesligapause war, weil ich doch immer mehr von Rudi und Werder wusste, und allmählich begann ich zu schnallen, wie alle Ergebnisse und Tabellen zusammenhingen. Das war gegenüber dem letzten Sommer natürlich schon ein Fortschritt. Mama hat mir später immer erzählt, wie Papa in dieser Zeit erregt auf mich einredete, bis ich endlich kapiert hatte, dass ein Sieg zwei Punkte bedeuten, ein Remis einen und eine Niederlage null Punkte. Und was die einzelnen Spalten in der Tabelle bedeuteten, von den Platzierungen ganz zu schweigen. Negativer Nebeneffekt meines neu erlangten Wissens war, dass ich jetzt erst begriff, wie knapp Werder letztes Jahr am Titel vorbeigerauscht war und dass es nicht mehr zu ändern war. Die Spiele nach der Pause läuteten ja eine völlig neue Saison ein. Auch das hab ich in diesem Sommer gelernt.

Aber Papa hatte einen Trost parat: »Jänsken, in vier Wochen ist Weltmeisterschaft in Mexiko! Da siehst du deinen Rudi wieder. Dann spielt er für Deutschland gegen andere Länder. Vielleicht sogar gegen Spanien, wo wir schon oft im Urlaub waren…«

Das hörte sich doch schon mal sehr gut an: »Weltmeisterschaft! Dein Rudi!« Ja, mittlerweile war er schon mehr mein Rudi als Evis Rudi. Ihr Interesse wurde mit der Zeit immer geringer, während meines immer mehr zunahm. Keine Ahnung warum, die Frisur Völlers war doch immer noch dieselbe. Vielleicht wanderte ihre Zuneigung langsam von Rudi zu unserer neu geborenen Schwester Lena …

Während der Wochen bis zur WM stopfte ich nicht nur sehr viel Informationen über Werder in mich rein (ich kannte jetzt Rehhagel, Lemke, Burdenski, Möhlmann, Meier, Okudera, Mirko Votava, Pezzey, Neubarth, Völler, Kutzop, sogar den Ersatztorwart Klaus Funk, Günter Hermann u.a.), sondern auch tonnenweise Haselnusstafeln und XXL-Pralinen, um mein kleines WM-Sammelalbum mit den Klebebildern von unseren Nationalspielern, die sich in diesen Süßwaren versteckten, vollzukriegen. Was mir auch zweifellos gelang. Mein Horizont wurde immer größer. Ich kannte jetzt jeden deutschen Nationalspieler mit seiner Vereinszugehörigkeit. Die Zeit der Automarken, die ich alle anhand von Matchboxautos beherrschte, war endgültig vorbei. Ich war jetzt neun und behielt alles, was mir wichtig erschien. Nebenbei begann auch meine »Karriere« als Torwart in der E-Jugend, sodass Fußball jetzt wirklich allgegenwärtig war.

Die WM 86 hatte für mich etwas Magisches. Rudi hat ein paar Tore erzielt, ich lernte Maradona kennen, Deutschland wurde Vizeweltmeister, was ich klasse fand. Ich kann mich nicht erinnern, damals geweint zu haben, als Burruchaga uns kurz vor Schluss abgeknipst hat. Am aufregendsten fand ich damals das Frühstücksfernsehen vor der Schule. Aufgrund der Zeitverschiebung liefen die Live-Übertragungen in Deutschland spät am Abend, und für mich mit meinen neun Jahren waren die Morgensendungen oftmals die einzige Möglichkeit, das Neueste von der WM zu erfahren. Matthäus' Freistoßtor gegen Marokko kenne ich nur aus dem Frühstücksfernsehen. Das Spiel habe ich nie ganz gesehen. Nur das eine Tor. Heute undenkbar. So ein wichtiges Achtelfinalspiel…

Denn mittlerweile ist es für mich unmöglich geworden, die Sportschau zu schauen, ohne vorher das Werder-Ergebnis erfahren zu haben. Da würde ich vor Spannung sterben. Die Vorstellung, einer Fünf-Minuten-Zusammenfassung unseres Spiels ausgeliefert zu sein, ohne irgendeinen Einfluss zu haben auf die Partie, macht mir Angst. Normale Menschen halten es völlig zu Recht eh für unmöglich, dass jemand wie ich, der 250 Kilometer vom Weserstadion entfernt wohnt, irgendwie in das Spielgeschehen eingreifen kann. Aber das stimmt nicht so ganz. Es gibt Fans, die haben ihre Rituale, die sie zu jedem Spiel befolgen, weil sie felsenfest überzeugt sind, damit schon mal ein Spiel gewonnen zu haben. Dieser Aberglaube hat sich auch bei mir immer mehr durchgesetzt, wie man in den nächsten Jahren merken sollte.

Als die WM in Mexiko vorbei war und damit auch das Frühstücksfernsehen, war ich wieder mal traurig, bis mein Vater mich abermals tröstete, weil in ein paar Wochen die Bundesliga doch wieder losginge. Und diese Saison 1986/87 sollte für mich eine ganz besondere werden. Durch die WM war ich total im Fußballfieber, und ich kaufte mir mein erstes eigenes Panini-Album, auf dem Rudi Völler das Titelbild zierte. Inzwischen schaute ich mir nicht nur die Spielerbildchen an, sondern hatte im Nu auch die persönlichen Daten, die immer unter dem Klebekästchen standen, in meinem neunjährigen Köpfchen gespeichert. Mit diesen Daten konnte man mit seinen Kumpels ganze Tage verbringen. Dann fragten wir uns gegenseitig ab: »Wer bin ich? Verein: Werder Bremen. Vorherige Stationen: RWE, BVB, Uerdingen, BVB, Nürnberg, RWO.« War man gut, wusste man schon jetzt, wer gesucht war. Ansonsten bekam man häppchenweise Zusatzinformationen: »Geburtstag: 22.12.1949! Position: Stürmer!« Nun, das war eine der leichteren Übungen, natürlich handelte es sich hier um Manni Burgsmüller. Umgekehrt machte das genauso viel Spaß: »Manni Burgsmüller: die Daten bitte!« Das konnte man auch sehr gut alleine spielen, in dem man die Datenkästchen unter dem Bild zuhielt, und versuchte, im Kopf seine ganzen Stationen auf die Reihe zu kriegen.

Ich muss zugeben, dass ich das damals mit jedem Spieler aus diesem Heft gemacht habe, auch mit denen des FC Homburg… Wenn ich mich heute abfragen würde, ich glaube, ich würde immer noch sechs oder sieben Homburger Spieler aus dieser Saison zusammenkriegen, obwohl der Verein mir total egal ist und dieses Heft schon 20 Jahre alt ist. In so einem Alter behält man einfach alles, wenn es dich brennend interessiert.

Im Gegensatz zum vergangenen Jahr registrierte ich auch den Saison-Spielplan, der immer im Heftmantel abgedruckt war. Das war natürlich klasse. Diese ganzen Informationen, gepaart mit den Hinweisen meines Vaters bezüglich Tabellen und Ergebnissen, ließen mich erstmals top-vorbereitet in eine Saison gehen. Ab jetzt wurde mitgelitten.

Aber wie? Nur Sportschau war zu wenig. Da machte mir Papa ein Riesengeschenk. Wir saßen im Wohnzimmer, und er machte den Fernseher an. »Guck mal weg, Jänsken!« Auf seinen Zuruf durfte ich wieder hingucken, und da standen sie: alle Spiele der ersten Bundesliga auf dem Bildschirm aufgelistet! Videotext! Wahnsinn! Das Prinzip mit den Farben hatte ich schnell raus: Alle Partien waren abwechselnd grün und weiß gefärbt. Solange das Spiel lief, war das Ergebnis rosa, und wenn es die Farbe der davor stehenden Partie übernahm, war es das Endergebnis. Den Videotext selbstständig einzuschalten, hatte ich sehr schnell raus. Jetzt konnte es wirklich losgehen.

Zu meiner Enttäuschung musste ich feststellen, dass die Ergebnisse nicht mittels der Fernbedienung einzugeben waren, sondern machten, was sie wollten. So lag Werder zu Hause am ersten Spieltag gegen Nürnberg mit 0:2 zurück, aber am Ende stand ein weißes 5:3 dank Burgsmüllers Hattrick zu Buche. Erster Tabellenführer war Eintracht Frankfurt nach einem 5:0 gegen Fortuna Düsseldorf. Davon war ich so beeindruckt, dass ich mit der Weisheit eines Experten zu Papa sagte: »Die Eintracht wird Meister!«

Er schüttelte nur den Kopf. »Du musst noch sehr viel lernen.«

Noch war er der Experte im Hause. Ich glaube, die Eintracht entkam am Saisonende mit großer Mühe noch dem Abstieg in Liga zwei. Auch das war eine Lehre für mich.

Werder wurde am letzten Spieltag Fünfter, was für den

UEFA-Cup reichte, schied im Pokal peinlich gegen den Zweitligisten Aachen aus, leistete sich ein 1:7 gegen Gladbach (wonach ich die Schule schwänzen wollte, da mein Sportlehrer Borusse war), hatte in Runde eins des UEFA-Cups gegen Atletico Madrid ziemlich viel Pech und war gar nicht so viel in den Tageszeitungen zu sehen, wie ich erwartet hatte. Werder war nicht sehr medienpräsent im Vergleich zu Schalke, Dortmund, Frankfurt, Nürnberg oder anderen. Das fand ich ziemlich angenehm. Denn was über die geschrieben wurde, klang nie wirklich gut: Niederlagenserien, Trainerentlassungen, Prügelei bei Jahreshauptversammlungen oder Schulden ohne Ende. Das waren alles Dinge, die ich ziemlich blöd fand. Wie ich inzwischen recherchiert hatte, hatte Werder inzwischen nach Gladbach-Coach Heynckes den dienstältesten Trainer in der ganzen Liga. Otto Rehhagel coachte die Bremer jetzt schon seit sechs Jahren. Es lief alles ziemlich ruhig, abgeklärt und auch erfolgreich ab. Wir waren in dieser Saison immer oben dabei, was mir auch genügte, auch wenn viele 1987 endlich den verschenkten Titel von 1986 nachholen wollten.

Dennoch stand auch Werder einmal richtig im Mittelpunkt in diesem Jahr: Rudi Völler ging zum AS ROM! Ein Schock. Mein Rudi. In dieser Zeit lernte ich auch die Funktion von Manager Willi Lemke kennen, der auch schon lange bei Werder war. Er tröstete alle Fans damit, dass die Millionen, die Rom nach Bremen überweisen würde, sehr wichtig seien für Werder. Von dem Geld könne man einen »neuen Rudi« kaufen, das Stadion schöner machen und was auf die Bank legen, für schlechtere Zeiten. Obwohl ich sehr sauer auf Rudi war, fand ich Lemkes Erklärung ziemlich sympathisch. Ich verzieh Rudi seinen Wechsel, als er uns am letzten Spieltag mit einem Tor gegen Köln noch in den UEFA-Cup schickte.

Rudi war weg. Aber noch wichtiger: ich nicht, ich blieb wie selbstverständlich bei Werder. Vor einem Jahr wäre ich wahrscheinlich auch weg gewesen, weil ich nur den Rudi kannte. Ich merkte, wie ich mich immer mehr identifizierte mit den Grün-Weißen, und dokumentierte das inzwischen auch in der Öffentlichkeit: Werder-Trikot im Sportunterricht, Werder-Tasche im Freibad und ein Wimpel im Schlafzimmer. Während des Fußballtrainings konnte ich das Trikot nicht tragen, da ich ja noch Torwart war. Ordnung musste sein.

Im Stadion sah ich dieses Jahr nur ein Spiel von Werder, und zwar wieder bei Schalke 04. Das Spiel endete 1:0 für Schalke, durch Carsten Marquard. Ich hatte dieses Spiel zur Kommunion von meinem Patenonkel geschenkt bekommen. Ohne undankbar wirken zu wollen: Diese Niederlage war ein blödes Geschenk.

Wenn ich fortan live im Stadion zuschaute, war das meist dienstags oder mittwochs. Denn da war das Restaurant meiner Eltern geschlossen, und Papa hatte Zeit und Lust, zum Fußball zu fahren. Das war wirklich nett, denn so sah ich immer Flutlichtspiele, und die sollten in der Werder-Geschichte ja eine besondere Rolle spielen …

KAPITEL 3

Saison 1987/88: Werder »Wunder«-bar

Mit 30 Jahren habe ich inzwischen, wie jeder andere auch, gelernt, dass es im Leben gute und schlechte Tage gibt. Mal hat man Glück, mal Pech. Ich habe damals als Kind Glück gehabt, dass meine Schwester Evi auf Rudi Völlers Locken scharf war und ich ihr blind gefolgt bin. Sie hat mich dadurch zu einem Verein geführt, den sich bei uns in Dingden, einem Dorf bei Bocholt und nicht weit von der holländischen Grenze, normalerweise niemand freiwillig ausgesucht hätte. Erstens ist er geografisch zu weit weg, was für mich nie eine Entschuldigung wäre. Zweitens begann Werders ruhmreiche Zeit erst in den frühen Achtzigern. Wenn sich zu dieser Zeit jemand überhaupt einen »zuverlässigen« Klub von »weiter weg« auserwählt hatte, dann waren die erfolgreichen Bayern aus München die Glücklichen. Aber selbst die waren in Unterzahl bei uns im Dorf. An erster Stelle in der Gunst der Fans standen die nächstgelegenen Schalker, die traditionsreichen Gladbacher, die modernen Kölner und noch ein paar Dortmunder. In meinem damaligen Bekanntenkreis war ich wirklich ein Unikum. Als Sohn eines Gastwirtes merkte man das umso schneller. Ich glaube allerdings, dass alle Respekt davor hatten, dass ich zu Werder hielt. Und das tat ich immer mehr. Ich hatte natürlich das Glück, dass es sehr gut lief für Werder in diesen Zeiten. Im Sommer 1988 sollte ich schon mehr »erreicht« haben als jeder Schalker in 44 Jahren Bundesliga. Trotzdem hoffe ich, dass Sie bis jetzt festgestellt haben, dass ich kein Schönwetter-Fan bin.

Die Saison 1987/88 sollte mit die schönste meiner Fankarriere werden. In dieser Zeit erlebte ich alles, was den Fußball so packend macht.

Nachdem Völler uns im Ablösespiel während der Saisonvorbereitung einen eingeschenkt hatte, war er für mich endgültig abgehakt. Der neue Rudi hieß jetzt Riedle, Karlheinz. Ich wusste, dass er letztes Jahr bei Blau-Weiß 90 Berlin beachtliche zehn Tore geschossen hatte, und hatte ihn direkt lieb gewonnen, als er das Werder-Trikot überzog. Allerdings lief es bei ihm nicht auf Anhieb, obwohl Werder einen sehr guten Saisonstart hinlegte. Nach einigen Wochen traf er allerdings in Uerdingen, glaube ich, und machte uns erstmals zum Tabellenführer. Ab jetzt war ich Kalle!

Vor dieser Saison bekam ich nicht nur ein neues Idol, sondern auch mein erstes eigenes Zimmer. Von meinem ersparten Geld (also rund 50 Mark…) und mithilfe einer »Finanzspritze« meiner Eltern erhielt ich einen eigenen Saba-Fernseher mit Videotext und eine kleine Stereo-Anlage von Samsung. Dass man mit der Anlage nicht nur Roxette-Singles hören konnte, sondern auch Bundesliga-Radio, machte mich richtig narrisch.

Ich hatte also einen kleinen Schrank, auf dem der Fernseher stand, und direkt darunter die Anlage. Wenn Fußball lief, schaute ich praktisch 90 Minuten Videotext und hörte parallel WDR 1, »Sport und Musik« mit Dietmar Schott. Das Radio lieferte mir die Tore und Emotionen, und der Videotext immer den visuellen Überblick. Traumhaft. Ich glaube zu wissen, dass diese Kombination unter allen Fans die beliebteste war, sofern man nicht selbst im Stadion sein konnte. Schlimm war nur, wenn irgendwelche Informationen in diesen beiden Medien nicht identisch waren... – das hab ich ein- oder zweimal erlebt, und das gönne ich meinem ärgsten Feind nicht. Da meldet der Videotext ein Tor für dich, und der Reporter berichtet kurz darauf von einem Eigentor. Oder das rosa Ergebnis färbt sich weiß, du denkst, du hast 3:2 gewonnen, und hörst in der Nachspielzeit den Radio-Reporter im Hintergrund der Konferenz doch noch schreien: »3:3, Tita. Tor für Leverkusen ...«

Aber wie gesagt, das Jahr lief unglaublich gut. Die Bundesliga wurde phasenweise von uns dominiert, dank unserer »kontrollierten Offensive«, die dafür sorgte, dass wir bis heute den Rekord mit 22 Gegentoren halten. Mit Rune Bratseth hatten wir den besten Abwehrspieler der Liga, unser Torhüter Olli Reck stieg zum dritten Nationaltorwart auf, und natürlich schossen wir relativ viele Tore. Riedle erzielte auf Anhieb 18 Stück. Highlights waren die Spiele am Radio gegen die Bayern (3:1) und in Frankfurt (1:0), als Riedle uns zum Meistertitel köpfte. Ich bin nie zuvor so gerne zur Schule gegangen wie nach diesem Spiel. Sogar mein Sportlehrer gratulierte mir, sodass ich vor Stolz fast platzte.

Nie vergessen werde ich auch das Aktuelle Sportstudio im ZDF, als Moderatorin Doris Papperitz die frischgebackene Meistermannschaft aus Bremen empfing und das

Oldenburger Schlagerduo Klaus und Klaus die Jungs mit einer Meisterhymne begrüßte, die ihrem großen Hit »An der Nordseeküste« entsprang. Ein ganzes Sportstudio, das sich nur um Werder Bremen drehte, so etwas hatten Werder-Fans noch nie erlebt. Einziger Haken war halt, dass ich mit elf Jahren zu jung war, um den Meistertitel vor Ort zu feiern. Das störte mich schon, als ich die Bilder vom Rathausplatz sah.

Im Stadion sah ich diese Saison in der Liga nur ein Spiel, nämlich ein 0:0 in Dortmund, im Frühjahr '88. Ich hatte erstmals Schal und Mütze dabei und saß auf der Haupttribüne dieses wirklich sehr schönen Stadions, dessen Bierkragen-Konfetti-Regen mich sehr beeindruckte, zwischen all den Dortmundern. Die fragten dann auch ziemlich oft: »Na, mein Kleiner, wer gewinnt denn heute …?!« Um ja keinen Ärger zu kriegen, sagte ich den Schwarz-Gelben, dass ich mit einem Unentschieden sehr gut leben könnte. Den paar Bremer Fans, denen ich auf dem Gang zur Toilette begegnete, rief ich natürlich zu, dass wir gewinnen würden, ohne dabei zu bemerken, wie mein Platznachbar mich verfolgte, da er auch mal »musste«. »Ey, watt erzählst du denn jetzt auf einmal!« Naja, wir haben beide gegrinst, und das Spiel endete ja wirklich mit einem Remis.

Im DFB-Pokal kamen wir bis ins Halbfinale, wo wir Favorit gegen die Frankfurter waren. Ich hatte abends noch selbst Training und radelte ungeduscht, so schnell ich konnte, nach Hause. Unterwegs überkam mich ein mulmiges Gefühl, dass es ja heute auch mal schiefgehen könnte, weil alle von uns einen Sieg erwarteten. Mittlerweile waren wir neben den Bayern das Team überhaupt in Deutschland, rein sportlich gesehen. Zum ersten Mal spürte ich so etwas wie Druck. Was passiert, wenn wir verlieren? Werde ich morgen in der Schule oder beim Fußball ausgelacht?

Endlich zu Hause, machte ich schnell den Fernseher an. Das erste Bild, das ich sah, war, wie unser Torwart den Ball aus dem Netz holte. 0:1! Ich hatte noch überlegt, mit dem Anschalten des Fernsehers einen Moment zu warten, aber… 0:1 durch Jan Küpper, dachte ich nur. Ich war schuld. Und nicht Eintracht-Torwart Uli Stein, der anschließend das Spiel seines Lebens machte und keinen Treffer von Riedle und Co. zuließ. Das war bis heute die letzte Niederlage in einem Pokal-Heimspiel für Werder Bremen – und die ersten Symptome dieses verflixten Aberglaubens, der mich bis heute verfolgt.

Und dann gab es da noch Spartak Moskau. Ein Name, der bis heute in Bremen die Massen elektrisiert und jeden anderen Fußballfan, der das Spiel erlebt hat. Vor dem UEFA-Cup-Spiel der zweiten Runde hörte ich allenthalben, dass Werder spätestens nach der zweiten Runde rausfliegt und es in Europa einfach nicht packt. Was die Jungs im Hinspiel auch eindrucksvoll beweisen konnten, als sie mit 1:4 untergingen.

Zwei Wochen später kam das Rückspiel in Bremen. Da mein Vater mir die Auswärtstor-Regelung erklärt hatte, wusste ich nun, dass uns ein 3:0 reichen würde, um weiterzukommen. Aber die Russen waren ein starkes Team mit vielen Nationalspielern, besonders zu erwähnen der Weltklasse-Keeper Rinat Dassajew. Doch Werder spielte wie von Sinnen und führte nach 25 Minuten schon 3:0 durch zweimal Neubarth und einmal Ordenewitz. Mit diesem Ergebnis ging es in die Pause, in der mein Vater, der Bayern-Fan, sehr begeistert war von meiner Mannschaft und Sorgen hatte, dass das Spiel eventuell wegen des Nebels nicht wieder angepfiffen würde. Ich betete, dass es wieder weiter ging, denn ich spürte, dass solch ein Spiel nicht so leicht zu wiederholen war. Es ging weiter. Im dichten Nebel schoss Moskau das 1:3. Enttäuschung machte sich breit. Doch ein unnachahmlicher Gunnar Sauer rettete uns mit dem 4:1 die Verlängerung. Ich hielt es nicht mehr aus und beschloss, ins Bett zu gehen. Ich war fix und fertig. Das war zu viel für einen Zehnjährigen. Im Bett hörte ich leise eine Hörspielkassette von »Jan Tenner, der Weltraummann«, um mich abzulenken. Und dann kamen sie, die Schreie, auf die ich so gehofft hatte, von Papa, Mama und Evi, die dieses mal auch wieder mitgeschaut hatte:

»Toooooor, 5:1!« Ich blieb liegen, ballte die Faust und dachte: »Nicht zu früh freuen… Ein Gegentor, und wir sind raus.«

Kurze Zeit später die Erlösung: »Tooooooor, Manni Burgsmüller, 6:1!«

Jetzt rannte ich jubelnd ins Wohnzimmer zurück und wurde verdutzt angeschaut, weil alle dachten, ich würde schon schlafen. Kaum hatte ich mich hingesetzt, da stand es nur noch 6:2! Das war mal wieder typisch. Ein Gegentor noch, und wir wären doch noch draußen. Als ich gerade wieder schnell zurück zu Jan Tenner rennen wollte, ertönte der Schlusspfiff. Gott sei Dank. Das erste »Wunder von der Weser« war perfekt. Das war doch mal ein Abend, den man später mal seinen Enkeln erzählen konnte. Wichtiger war allerdings, dass mir durch dieses Spiel die unerschütterliche Hoffnung gegeben wurde, dass alles möglich ist, auch wenn es unmöglich erscheint. Vor allem bei Werder Bremen.

Ausgeschieden sind wir dann im Halbfinale gegen den späteren Sieger Bayer Leverkusen. Wir waren optisch überlegen, brachten aber kein Tor zustande und verloren in der Summe mit 0:1. Aber von Moskau konnte man noch lange zehren.

KAPITEL 4

Saison 1988/89: Das zweite Wunder von der Weser und eine Cola

Mittlerweile waren folgende Dinge in meinem Leben selbstverständlich: Panini-Album, Videotext, Radio und jeden Mittwoch »Sport-Bild« mit den legendären Kolumnen von Udo Lattek, dem Meistertrainer, dem wir in seiner kurzzeitigen Funktion als Technischer Direktor beim 1. FC Köln den sogenannten »blauen Pullover« gewaschen hatten. Die Kölner hatten in der letzten Saison eine sehr gute Serie von ungeschlagenen Spielen, die sie mit Latteks Kleidungsstück in Verbindung brachten, das er zu jedem Spiel getragen hatte. Logisch, dass gerade ich, der vom Aberglauben befallen war, einen Heidenrespekt vor diesem Stück Stoff hatte, als er sich mit dem FC in Bremen die Ehre gab. Für mich war es pure Ironie, dass gerade mein SV Werder diesen Fluch beenden konnte und Latteks Pulli nach einem wichtigen 2:1-Sieg in die Mottenkiste flog.

Die Vorfreude auf die neue Saison war natürlich riesengroß, vor allem fieberte ich auf den Europacup der Landesmeister mit der Crème de la Crème des Weltfußballs.

In der Liga wurden wir am Ende Dritter, womit ich sehr zufrieden war. Wir spielten fast so wie im Meisterjahr, nur dass wir in den entscheidenden Momenten nicht die ganz wichtigen Punkte geholt haben. Mit etwas mehr Glück wäre noch mehr drin gewesen. Die Bayern kauften zu der Zeit den anderen Vereinen die besten Spieler weg und waren daher nur schwer zu schlagen. Damals habe ich sie sehr gehasst, wie es sich gehörte als Werderaner. Aber da waren wir ja nicht alleine. Wer die Bayern nicht liebte, hasste sie. Und mittlerweile baute sich auch in der Familie ein kleiner Machtkampf auf zwischen Vater und Sohn. Erklären brauchte er mir nichts mehr, ich konnte jetzt sehr gut selbst für meinen und gegen seinen Verein argumentieren. Aber es blieb alles im Rahmen, zumal die Bayern uns zwischen 1988 und 1993 in zwölf Spielen nicht ein Mal bezwingen konnten. Eine sensationelle Bilanz. Seit ich ein richtiger Fan bin, also seit 1986, habe ich bis heute eine Bilanz gegen die Bayern von 14 Siegen zu 16 Niederlagen und zahlreichen Remis. Da bin ich im Vergleich zu anderen doch sehr gut weggekommen.

Mich interessierte inzwischen alles, was mit Fußball zu tun hatte, auch im Umfeld des Spiels. Die Bayern hatten das meiste Geld, den unsympathischsten Manager, das größte Stadion, die meisten Fans, die teuersten Spieler, die meisten Titel. Und wir waren das beschauliche Bremen, das wie ein kleines Gallier-Dorf regelmäßig die Römer abwatschte. Diese Rolle gefiel mir. Mir war damals schon klar, und das wiederholte Willi Lemke, unser cleverer Manager, ja oft genug: Dass die Bayern mit ihrer ganzen Kohle nur manchmal vom Titel abzuhalten waren. Dieses »manchmal«, das sollten so oft wie möglich wir sein. Uli Hoeneß, der Bayern-Macher, wurde damals immer fuchsteufelswild, wenn

Lemke von den »kleinen Bremern« und den »großen Bayern sprach«, das war richtig süß. Aber Lemke hatte Recht. Es herrschte keine Waffengleichheit zwischen Bayern und uns, und deswegen war Hoeneß' Hinterteil besonders kalt und »pickelig«, wenn wir ihnen die Lederhosen ausgezogen haben.

In unserem Dorf war es damals sehr ruhig, da Schalke 04 sich mit Mannschaften wie Schweinfurt 05 abkämpfen musste, nachdem sie im Sommer '88 abgestiegen waren. Es war mir aber egal, da sie sportlich keine Konkurrenz für uns waren und einfach unsympathisch rüberkamen. Schalke war für mich damals ein bemitleidenswerter Verein, ein Synonym für schlechten Fußball und schlechte Personal- und Wirtschaftspolitik. Trotzdem fuhr ich mit einem älteren Herrn, der Stammkunde in unserem Lokal war, ab und zu mit, um mal Zweitliga-Fußball zu sehen. Man merkt, dass dieser Klub für viele etwas Besonderes ist, wenn man in der 2. Liga gegen Duisburg zusammen mit 60.000 Zuschauern im Stadion sitzt. Totzdem: Auch wenn S 04 geographisch gesehen meine Heimat sein müsste, sind mir die Schalker ziemlich egal. Ich mag sie nicht sonderlich. Ist einfach nicht meine Welt.

Köln hatte uns im Zweikampf mit den Bayern abgelöst und wurde Vizemeister. Für Gladbach ging eine Ära des Erfolges zu Ende, und im Ruhrgebiet war der BVB stark im Kommen, den ich wahrscheinlich wegen des erwähnten Stadionbesuches ganz okay fand. Allerdings nicht sehr lange …

Für Werder ging es in dieser Saison hauptsächlich um den Meister-Cup in Europa. Die Auslosung bescherte uns in der ersten Runde das brisante Duell gegen Ostberlin. Damals, im Herbst '88, war an die Wende genauso wenig zu denken wie an eine Schwangerschaft von Martina Navratilova. Deswegen wurde das Spiel in den Medien richtig hochgepuscht, BRD gegen DDR oder Ähnliches machte die Runde. Alle erwarteten von uns als Deutschem Meister, dass wir mal eben über die Mauer klettern und die Dynamos nach Strich und Faden vernaschen.

0:3 gingen wir da unter, und ich hatte wieder mal gelernt, dass man einfach vorher mal die Klappe halten sollte, so wie Trainer Otto Rehhagel das immer predigte: »Tief stapeln, hoch gewinnen.« Die Zeitungen zerrissen meinen Verein regelrecht, was aus sportlichen Gründen ja auch korrekt war, aber für mich war die schreibende Zunft auch nicht unschuldig an diesem Desaster. Sie hatten nämlich keinen Respekt vor unserem Gegner, der – wie auch immer – zehnmal in Folge DDR-Meister geworden war und Spieler in seinen Reihen hatte, die später auch noch auf der anderen Mauerseite Geschichte schreiben sollten.

Nach dieser Blamage war die Stimmung vor dem Rückspiel etwas anders. Wir waren jetzt die »Kleinen«, weil wir ein 0:3 aufholen mussten, und eigentlich schon weg vom Fenster.

Unsere Hoffnung hatte nur noch einen Namen: Moskau! Moskau hatte letztes Jahr gezeigt, dass im Weserstadion alles möglich ist. Das Problem daran war aber, dass dieses Wunder noch gar nicht so lange her war und Wunder leider nicht auf Bestellung jedes Jahr aufs Neue ins Haus flattern. Rein sportlich war das Problem: Uns fehlte ein Auswärtstor.

Wir mussten also Vollgas spielen und durften keinen Treffer kassieren, da wir sonst schon fünf hätten schießen müssen. Wichtig war dagegen, selbst ein frühes Tor zu erzielen.

Das frühe Tor fiel nicht. Die Berliner standen ziemlich gut in der Defensive und ließen bis zur Pause nur einen Elfmetertreffer zu. Das sah nicht gut aus. Doch nachdem mehrere Werder-Spieler vor dem Wiederanpfiff ziemlich heftig gegen die Tür der Gästekabine getreten und die Berliner aufgefordert hatten, endlich herauszukommen, war es um die Ostdeutschen geschehen: Völlig eingeschüchtert verdaddelten sie jetzt fast jeden Ball, und wir fanden wieder unseren Moskau-Rausch. »Jimmy« Hermanns 20-Meter-Volleyschuss in den rechten Torwinkel läutete eine Aufholjagd ein, die keine Verlängerung mehr benötigte. Und wenn selbst unser Außenverteidiger Thomas Schaaf den 5:0-Endstand erzielt, dann kann man auch das getrost seinen Enkeln erzählen. Die Medien feierten uns in den Himmel, nachdem sie uns doch noch in ihrem Papiermüll wiedergefunden hatten.

Kurze Zeit später machten wir einen Familienausflug nach Bremen. Ich fand die Stadt natürlich klasse, das Weserstadion hatte ich nun zumindest schon mal von außen gesehen und konnte auch durch das Marathontor vom Innenbereich ein bisschen erkennen. Die Stadtmusikanten fand ich toll, da ich sie ja von den Gute-Nacht-Geschichten kannte; das Schnoor-Viertel mit den kleinen Gassen und Häusern fand ich gut, weil es mich größer wirken ließ. Und den historischen Marktplatz mochte ich sehr. Ich stellte mich neben den »Roland«, das Wahrzeichen der Hansestadt, und schaute auf den Rathausbalkon: »Guckt mal, da oben standen sie im Sommer mit der Meisterschale!«

Leider kam ich ein halbes Jahr zu spät, aber diesen Traum wollte ich mir unbedingt erfüllen, einmal von hier unten der Mannschaft zuzujubeln. Auf jeden Fall, konnte ich ab jetzt sagen, falls ich danach gefragt wurde: »Bremen ist die schönste Stadt der Welt!«

Im Europacup fanden wir über Celtic Glasgow das ganz große Ding: den AC Milan! Die damals wohl beste Elf in Europa: Rijkaard, Gullit, van Basten, Donadoni, Maldini, Costacurta, Baresi und Trainer Arigo Sacchi.

Zu Hause schlugen wir uns wirklich gut und erkämpften ein 0:0. In Mailand hatte Werder auch alles im Griff, zumindest in der Defensive, an eine eigene Torchance kann ich mich nicht erinnern, bis Donadoni vor unserem Tor Gunnar Sauer trat und selbst einen Elfmeter zugesprochen bekam. Ein Skandal-Elfmeter, den Marco van Basten dann zum alles entscheidenden Treffer verwandeln durfte.

Wir waren raus, allerdings mit Applaus. Wir hatten Deutschland und Europa bewiesen, dass die letztjährige Meisterschaft kein Zufall gewesen war; dass Milan mit Traumfußball den Pokal am Ende gewann, wertete unsere Leistung zusätzlich auf.

Der DFB-Pokal führte Werder im Mai '89 wieder nach Berlin, jetzt aber in den Westen zum Pokalendspiel, bei dem wir als Favorit galten. Gegner war der aufstrebende BVB. Wir gingen standesgemäß durch Riedle früh in Führung, ehe wir dann unser Waterloo erlebten. Das Spiel lief natürlich auch bei uns im Lokal, ich entschied aber, das Finale ungestört oben in unserer Privatwohnung zu schauen. Ich kann es bis heute nicht leiden, von der Seite mit irgendwelchen schlauen Kommentaren oder Hänseleien beschmissen zu werden, während ich mit Magenschmerzen Werder in mich hineinsauge.

Nach dem Riedle-Treffer machte ich allerdings einen folgenschweren Fehler: Wie ein stolzer Pfau ging ich nach unten an die Theke, wo auch ein paar Dortmunder saßen. Ich ging natürlich nur dorthin, genau dorthin, um mir eine Cola zu besorgen – ohne jedoch ein schelmisches, arrogantes Grinsen in Richtung der trauernden BVB-Gemeinde zu vergessen. Kaum saß ich zufrieden wieder oben vor dem Fernseher, hatte der Mill (oder war es der Dickel?) mich bestraft. 1:1 durch Jan Küpper! Hätte ich mich doch bloß mit der Milch aus dem Privatkühlschrank zufriedengegeben, dann wäre die nun unabweisbare Niederlage nicht durch mich herbeiprovoziert worden. Am Ende wurde es ein klangloses 1:4.

Ich verkroch mich bis zum nächsten Schultag auf meinem Zimmer. Papa meinte, ich hätte seinen schwarz-gelben Gästen ruhig gratulieren können, aber das hab ich mit meinen zwölf Jahren noch nicht gerafft, wofür das gut sein sollte. Ich war allein und die zu fünft. Die brauchten mich doch jetzt nicht mehr. Aber das mit dem Gratulieren, mit dem Anerkennen der gegnerischen Leistung, habe ich noch früh genug gelernt. Und eines hab ich mir ganz intensiv eingeprägt: Schnauze halten bis zum endgültigen Sieg!

KAPITEL 5

Saison 1989/90: Pizza Napoli, aber bitte mit Kiwi!

Die folgende Bundesliga-Saison brachte leider für uns eine Menge Probleme: Wir spielten zu Hause oft unentschieden, gute und schlechte Leistungen wechselten sich ab, sodass wir Lichtjahre hinter den Bayern auf einem grauen 7. Platz landeten. Erstmals in meiner Fankarriere gab es sogar eine Trainerdiskussion in Bremen, was ich sonst nur aus Hannover, Schalke, Frankfurt oder Nürnberg kannte.

Dass dieser graue Alltag doch noch bunt und Trainer Otto Rehhagel wieder hochgejubelt wurde, lag zum einen an seinem Näschen für Neuverpflichtungen. Er hatte nämlich den Mut bewiesen, einen neuseeländischen (!) Fußballer zu holen. Schlimmer noch: Er holte ihn aus der Schweiz! Normalerweise holte die Schweiz alternde oder schwächere Spieler aus Deutschland, damit diese sich dort langsam auslaufen konnten. Um noch einen draufzusetzen, sickerte aus Schweizer Medien durch, dass wir eine kleine Skandalnudel verpflichtet hätten, die zwar Tore schießen konnte, aber nicht gerade als ein Musterschüler Rehhagel'scher Lebensphilosophien galt. Sein Name: Wynton Rufer, Spitzname »Kiwi«, benannt nach der neuseeländischen Vogelart. Als Kiwi nach Deutschland kam, hatte er zwei Besonderheiten im Gepäck, die sofort auffielen: zum einen seine bildhübsche Frau Lisa und zum anderen eine Bibel. Die Frau passte ja noch in etwa in das Bild rein, das man von ihm hatte – naja, eigentlich war sie viel zu schön für Wynton – aber die Bibel?

In Wahrheit hatte Otto sich natürlich frühzeitig vor Ort in Zürich ein Bild von Kiwi gemacht und festgestellt, dass Kiwi nicht nur eine attraktive, sondern auch eine verdammt vernünftige Frau an seiner Seite und er selbst eine persönliche Wandlung zum Besseren durchgemacht hatte; dafür machte Rufer immer wieder auch öffentlich den lieben Gott und die Bibel verantwortlich. Spätestens seit dem zweiten Bundesliga-Spieltag, als Kiwi sein erstes Tor für uns schoss, waren alle ruhig und freuten sich über diesen sympathischen Stürmer. Zusammen mit Kalle Riedle und manchmal auch noch mit Manni Burgsmüller bildete er ein ganz passables Sturmduo.

Die anderen Farbtupfer setzte die Werder-Elf in den Pokalwettbewerben. Wir schafften es wieder ins Halbfinale des DFB-Pokals, wo wir in Leverkusen antreten mussten. Dass es da schwierig sein würde, wusste man ja noch vom UEFA-Cup im letzten Jahr. Netterweise, es war ja wieder mal mittwochs, fuhren meine Eltern mit mir hin, und ich durfte nach einem Klasse-Spiel (2:1) den erneuten Finaleinzug feiern: »Berlin, Berlin, wir fahren nach Berlin!« – endlich durfte ich mal live mitsingen!

Im UEFA-Cup ließen wir es richtig krachen! In der ersten Runde kam das 5:0 gegen Austria Wien gerade recht, um Otto vor der Entlassung zu retten, und im Achtelfinale wartete kein Geringerer als Diego Armando Maradona, der beste Fußballer seiner Zeit, in Diensten des italienischen Topklubs SSC Neapel. Schon beim Hinspiel lief alles für uns. Da Napoli kein Flutlicht hatte oder es nicht funktionierte – keine Ahnung–, fand das Spiel mittags statt! Tagsüber sehen bengalische Feuer ziemlich seltsam aus und verfehlen ihre Wirkung völlig. Also, die Hölle von Napoli war das nicht, auch wenn das Stadion San Paolo gut gefüllt war. Aber das lag auch an uns, denn Dieter Eilts und Mirko Votava hatten Maradona ziemlich gut im Griff, und vorne war Werder eiskalt. So glückte uns mit dem Schlusspfiff ein nie erwarteter 3:2-Auswärtserfolg bei den stolzen Italienern.

Vor dem Rückspiel in Bremen gab es die üblichen Töne aus Neapel: Careca, Alemao, Maradona, die werden das Ding schon wieder schaukeln! Aber nicht an der Weser! In einem der besten Spiele, das je von einer deutschen Mannschaft gespielt wurde, wurden die Gäste geradezu gedemütigt: 5:1, eine schallende Ohrfeige für den italienischen Fußball und vor allem für Herrn Diego Armando. Deutschland stand kopf, und Werder war endgültig in! Man wurde kaum noch schief angeguckt, wenn man sich zu Werder bekannte, was bei uns im Dorf bis jetzt als total »uncool« gegolten hatte. Aber das legte sich. Mit zunehmenden Alter lernte ich sogar ein paar Bremen-Fans bei uns im Ort kennen, die allerdings ihre Laune nicht so von Werder abhängig machten, wie ich es tat. Man fühlte sich nicht mehr so ganz alleine.

Im UEFA-Cup schieden wir abermals im Halbfinale aus, gegen den AC Florenz, weil ein Herr namens Nappi (oder so) es wagte, ein Auswärtstor zu schießen. 1:1 zu Hause,

0:0 auswärts, das war's, ciao. Die Leistung erschien mir aber trotzdem klasse. Das Problem war jetzt nur, dass Werder nach Platz 7 am Ende der Bundesliga-Saison und dem Aus im Europacup-Halbfinale gehörig unter Zugzwang geriet, das DFB-Pokalendspiel gegen Kaiserslautern zu gewinnen. Denn ansonsten gäbe es keine legendären Europacup-Nächte in der nächsten Saison.

Werder zerbrach wieder einmal an der Favoriten-Rolle gegen die fast abgestiegenen Roten Teufel. Schnell lag man 0:3 (!) zurück, ehe man sich noch auf 2:3 herankämpfte. Diesmal war ich noch trauriger als nach der Final-Pleite gegen Dortmund, aber ich erkannte die Leistung des Gegners an. Das fiel mir nicht sonderlich schwer, da Lautern einfach bissiger war als wir und ich unten an der Theke keinen Lautern-Fan sitzen hatte, dem ich hätte die Hände schütteln müssen…

Das war also das Startverbot für weitere Europacup-Schlachten in der neuen Saison. Unter Otto war das seit dem Wiederaufstieg 1981 noch nie passiert! Vielleicht war es auch mal ganz gut, eine internationale Pause zu haben, um sich neu zu sammeln. Denn Otto hatte noch Großes vor!

KAPITEL 6

Saison 1990/91: Rundum glücklich

Der Sommer 1990 sollte für mich als 13-jährigen Werder-Fan ein fantastisches Jahr einläuten. »Getrübt« wurde es nur dadurch, dass mein am Tage des Eröffnungsspieles der 90er WM geborenes drittes Schwesterchen Luise kein Junge war. So dass ich über Jahre »verdammt« war, meine Werder-Leidenschaft mit niemanden innerhalb der Familie richtig teilen zu können. Der »Schmerz« hielt aber nicht lange an.

Deutschland spielte eine grandiose Weltmeisterschaft, die ja bekanntlich nur dadurch mit dem Titel gekrönt wurde, dass der Noch-Bremer Kalle Riedle im Halbfinale gegen England im Elfmeterschießen seinen Elfer verwandelte… Nun ja, dies war eigentlich die einzige nennenswerte Aktion im ganzen Turnier, die von einem Werder-Spieler ausging, aber eine sehr wichtige. Mit dem Rückenwind der WM ging ich voller Vorfreude in die neue Bundesliga-Saison, die mit vielen neuen Spielern aus dem Osten aufwartete, die nach der Wende nun in die Bundesliga wechselten. Jetzt schwärmte die Presse plötzlich von Spielern wie Doll, Thom, Rhode und Ernst. Genau jene Spieler, gegen die man angeblich nie hätte 0:3 verlieren dürfen im Herbst '88, als sie noch bei Dynamo Berlin spielten. Interessant.

Werder ließ mich meistens mit einem guten Gefühl zur Schule gehen, trotz kleinerer Schwächeperioden in der Liga, wo wir eigentlich immer oben mitmischten und von den Bayern im direkten Duell wieder nicht zu schlagen waren. Der Abgang von Kalle Riedle zu Lazio sorgte auch nicht für bleibende Schäden in meinem grün-weißen Herzchen. Im Gegenteil, da ich ja Kalles Entwicklung von Anfang an mitverfolgen konnte, war ich auch irgendwie stolz, dass so ein relativ unbekannter Spieler über das Sprungbrett Bremen bis ins Lira-Paradies hüpfen konnte. Und Kiwi war ja auch noch da. Er war jetzt endgültig unsere Nummer 1 im Sturm und musste seinerseits den jungen Marco Bode »einarbeiten«. Wie sich herausstellen wird, muss Wynton Rufer ein sehr guter Lehrer gewesen sein …

Apropos Nummer 1: In der Liga reichte es leider nicht zum Titel, den holte dieses Jahr sensationell am letzten Spieltag der 1. FC Kaiserslautern, natürlich nur mithilfe des ruhmreichen SV Werder: Der FCK war letzte Saison fast abgestiegen und holte sich wie berichtet den DFB-Pokal gegen uns. Mit dem Pokal gewannen die Lauterer eine riesengroße Portion Selbstvertrauen, die sie so berauschte, dass sie von Sieg zu Sieg eilten, getragen von einer Welle der Euphorie, die ich so noch nicht erlebt hatte. Das ganze Land drückte den kleinen Teufelchen aus der Pfalz die Daumen im Kampf gegen die bösen Bayern. Als der FCK im ganzen Rausch aber kurz vor Saisonende fast den Überblick verlor, kam wieder der SV Werder zu Hilfe: Im Spitzenspiel am 32. Spieltag empfing Werder, das nur noch theoretische Meisterchancen hatte, den Tabellenführer aus der

Pfalz. Durch zwei Riesenböcke von Olli Reck konnten die Lauterer 2:1 gewinnen, und das komplette Weserstadion stand kopf, als es von der zeitgleichen Niederlage der Bayern in Wattenscheid erfuhr. Das war praktisch die Meisterschaft für den FCK. Und da Werder und der FCK nicht nur gemeinsame Bayern-Gegner waren, sondern die Fans beider Teams auch schon lange Jahre eine Brüderschaft pflegten, erlebte Bremen eine der schönsten Werder-Heimniederlagen aller Zeiten.

Aber im Norden gab es auch feierliche Anlässe ohne den FCK: Ein dritter Platz in der Liga wurde zu Recht als Erfolg gefeiert, und Werders Lieblingswettbewerb, der DFB-Pokal, war ja auch noch da. Ob man es glauben mag oder nicht, aber auch dieses Jahr schaffte Werder es bis ins Finale nach Berlin. Allein das war schon eine sensationelle Leistung. Ich weiß gar nicht, ob das überhaupt schon mal jemand geschafft hat, drei Jahre hintereinander. Nimmt man noch das Halbfinal-Aus gegen Frankfurt 1988 hinzu, welches ja durch mein falsches Fernseh-Anschalt-Timing verloren wurde, schaffte Werder es sogar viermal in Folge unter die besten vier! Der Pokal hatte was Magisches, aber in den letzten beiden Finals leider auch was Tragisches für uns Bremer. Diesmal musste der Finalsieg her. Der Gegner 1. FC Köln landete in der Liga nur vier Plätze hinter uns und stand auch mit uns 1990 im UEFA-Cup-Halbfinale, wo beide Mannschaften ja dann ausschieden. Das Pokalfinale 1991 hatte noch die kleine Randnotiz, dass wir ein berühmtes FC-Urgestein vor der Saison aus Bordeaux an die Weser geholt hatten: Klaus

Allofs. Der gebürtige Düsseldorfer war über Jahre einer der besten Stürmer der Liga und vielleicht der beste, den der FC je hatte, ehe er nach Marseille wechselte.

Jetzt ging es gegen seinen alten Klub und gegen seinen alten Freund Pierre Littbarski. Das Finale war von unserer Seite wieder mal ziemlich bescheiden. Im Gegensatz zu den zwei Jahren zuvor schafften wir es mit einem 1:1 wenigstens ins Elfmeterschießen. Das liest sich jetzt ganz unaufgeregt, aber stellen sie sich dabei mich als kleinen Jungen vor, der die letzten beiden Finals mit Tränen in den Augen vor der Mattscheibe hing! »Bitte nicht schon wieder die Silbermedaille! Nicht schon wieder die Schlagzeilen, Otto der Zweite, SV Dämlich, oder was weiß ich, ich will den goldenen Pott!«

Das Elfmeterschießen war äußerst spannend. Verwandelten die einen, legten die anderen nach, hielt der eine Torwart, verschossen auch die anderen. Kurioserweise verschoss Allofs bei uns und sein Kumpel Litti bei den Kölnern. Da bei den Rheinländern aber noch ein anderer versäbelte, hatten wir auf einmal »Matchball«: Uli Borowka, unser Kraftpaket aus der Abwehr, überlistete Bodo Illgner und schoss ganz Bremen ins Tal der Freudentränen (was ihm übrigens in der Liga auch gelang, als er mit einem 35-Meter-Hammer die Bayern 1:0 besiegte). Endlich geschafft, all die Häme der letzten Jahre, alles weg. Pokalsieger 1991 – SV Werder! Endlich hatte man was, das man am Ende der Saison anfassen konnte. Der 3. Platz in der Liga war schon klasse, aber leider gab es dafür keine Trophäe, die man auf den Marktplatz schleppen durfte wie jetzt den DFB-Pokal.

Aber leider: Ich war auch dieses Mal nicht dabei. Ich war zu jung, die Eltern zu beschäftigt und Bremen zu weit weg.

Noch ein kleiner Nachtrag zu Klaus Allofs: Dass er überhaupt in Bremen spielte, konnte anfangs auch keiner glauben: Er hatte die 30 schon längst überschritten und damit eigentlich auch den Zenit seines Könnens. Aber für Otto zählte immer nur die Leistung und nicht das Alter. Gott sei Dank, denn mit Allofs ging es »Rathausbalkon-mäßig« immer weiter bergauf. Er spielte nicht immer, aber seine Aura und Erfahrung machte uns irgendwie abgezockter, bilde ich mir heute so ein. Und die nächsten Kapitel sollten mir eigentlich Recht geben.

KAPITEL 7

Saison 1991/92: Coppa della Coppa

Der Endspiel-Fluch von Berlin war also besiegt. Ich empfand Werder jetzt gewissermaßen als einen »stinknormalen« Verein, der auch als Favorit mal ein Endspiel gewinnen konnte und sich nicht immer nur blamierte an solchen Festtagen. Die Niederlagen waren ja nicht mehr »normal« gewesen, und wenn es ein drittes Mal schiefgegangen wäre, stünde Werder heute nicht da, wo es sich befindet, nämlich oben. Nun hatten wir eine Winner-Qualität, die uns siegen ließ, wenn es drauf ankam. Leider hatte ich selbst diese neue Werder-Eigenschaft noch nicht verinnerlicht, denn so sachlich, wie ich es jetzt schreibe, so hypernervös war ich in Wahrheit bei diesen wichtigen Spielen, die uns wieder mal die Pokalwettbewerbe bescherten.

Die Bundesliga geriet zu einer schlechten Saison, in der wir nicht wirklich was zustande brachten, außer natürlich gegen die Bayern unbesiegt zu bleiben. Das war diese Saison allerdings kein Kunststück, denn in München durfte dieses Jahr eigentlich jeder mal ran, sogar die Stuttgarter Kickers führten die Bayern zu Hause vor. In meiner »Fanlaufbahn« waren die Bayern nie so schlecht platziert wie in jenem Jahr, in dem sie nur graues Mittelmaß darstellten, noch hinter dem SV Werder, der am Ende Achter wurde.

Das interessierte an der Weser aber eigentlich niemanden, obwohl es zwischendurch mal wieder eine leise Trainerkritik gab, weil auch wir zu Hause gegen die Stuttgarter Kickers verloren. Egal, unsere Priorität hieß »Pokal«.

Mit 14 oder 15 Jahren stand für mich persönlich an allererster Stelle, zwischen mir und meiner Zahnspange einen Schlussstrich zu ziehen. Ich und zum Glück auch mein Kieferorthopäde Günter Kramer waren der Meinung, meine Beißer sollten jetzt alleine durchs gerade Leben gehen. Bei meiner letzten Behandlung in seiner Bocholter Praxis stellte sich heraus, dass mein Doc und ich dieselbe Leidenschaft lebten, den SV Werder. Herausgekommen war diese Gemeinsamkeit, als ich während der Schluss-Untersuchung über Uli Hoeneß pöbelte…

Das zu erfahren, war einerseits jetzt natürlich schön, andererseits habe ich mich schon sehr geärgert, nicht eher davon gewusst zu haben. Wer empfindet denn schon Angst vorm Zahnarzt, wenn der denselben Verein hat! Diese gemeinsame Liebe sollte sich noch für mich auszahlen. Sofort entschied mein Zahnarzt, der in Wildeshausen bei Bremen geboren wurde, einmal gemeinsam mit mir und seinen etwas jüngeren Söhnen zu einem Werder-Spiel zu fahren. Das traf sich gut, denn ich war inzwischen immer noch nicht in meinem Weserstadion gewesen. Alle legendären Schlachten kannte ich nur vom TV.

Auserwählt war das Pokalspiel gegen unsere Freunde aus Kaiserslautern, dem aktuellen Deutschen Meister. Dieses Spiel, das wir kühl und humorlos mit 2:0 gewannen, war natürlich etwas ganz Besonderes für mich. Da sitzt du nun auf der Nordtribüne, und egal, wohin du schaust, siehst du nur Gleichgesinnte. Ich dachte: »Aha, hier sind also alle, die mir zu Hause so fehlen…!« Endlich konnte man mal mit einem völlig Fremden vollkommen ungestört über Werder schnacken, ohne ein »Ey, Fischkopp!« entgegengepfeffert zu bekommen. Ich werde es auch nie vergessen, als ich an diesem Abend zum ersten Mal in diese einfachen, aber geradezu legendären, energisch fordernden »Werder-Werder«-Rufe mit einsteigen durfte. Ich bekam recht schnell ein Gefühl dafür, wann sie angebracht waren und wann nicht. Sie sind jedenfalls nicht angebracht, wenn sie gerade erst beendet wurden… Das lernte ich bei diesem Spiel ziemlich schnell, als ich völlig unbefangen versuchte, direkt nach einer Anfeuerung den Schlachtruf erneut anzustimmen. Es ist ziemlich peinlich, kann ich versichern, wenn man allein vom Sitzplatz aufsteht und keiner mitmacht…

Angebracht ist der Werder-Schlachtruf in der Regel nach einem Gegentor (zur sofortigen Aufmunterung), bei Rückstand kurz vor Spielende (um noch mal alle Kräfte zu bündeln), allgemein wenn wir einfach ein Tor brauchen und gerade eine Ecke bekommen haben oder, was nicht selten passiert, wenn unser blendend aufspielendes Werder-Team gerade dabei ist, eine Führung zu verspielen (weil es sich entschlossen hat, jetzt erst einmal ein Nickerchen zu machen). Dann braucht es einfach mal einen Wecker.

Aber was mich genauso beschäftigte bei diesem ersten Live-Erlebnis, war das Stadion an sich: Das Weserstadion hatte einfach Charme. Die Lage am Fluss; die riesigen Flutlichtmasten, deren Licht man ab der Autobahnabfahrt Arsten, spätestens aber von der Habenhausener Brücke schon sehen kann und die wie vier riesige Hände in das Stadion zu zeigen scheinen und einem das Gefühl geben, dass hier heute Abend etwas Besonderes passieren wird; das alte Kopfsteinpflaster, welches die Anfahrtswege ums Stadion zierte; die Brise, die dort von der Weser hineinpfiff; die netten, höflichen Zuschauer – all das schuf eine Atmosphäre, die mich faszinierte. Es gab Vereine, die hatten keine Leichtathletik-Laufbahn ums Spielfeld wie wir, die hatten ein größeres Stadion, mehr Zuschauer und vielleicht auch mehr Stimmung in der Bude. Aber die versprühten für mich nicht so einen Charme. Alles war ein Nümmerchen kleiner bei Werder, aber wenn es drauf ankam, war bzw. ist das Weserstadion ein Hexenkessel wie in Mailand, Madrid oder sonst wo. Und im Pokal kommt es immer auf diesen Moment an. Ich finde es sympathisch, wenn nicht jede Woche immer der gleiche Rambazamba ist, sondern dann, wenn es die Situation ergibt. Es erscheint glaubwürdiger und echter, auch wenn mich jetzt andere Vereine auslachen.

Heute, nach der WM 2006, gibt es viele Arenen, die auf den ersten Blick alle gleich aussehen. Alle sind quadratische Multifunktionshallen, in denen auch Fußball gespielt werden kann. Alle diese »Turnhallen« sind WM-Schauplatz geworden, das Weserstadion nicht. Bis heute weiß in Bremen keiner genau, warum. Ich finde, dass eine WM auch ein bisschen die Fußballkultur und die Fußballtradition des Gastgeber-Landes widerspiegeln sollte. Und Werder Bremen hat im Weserstadion eine der größten Erfolgsstorys in der Geschichte des deutschen Fußballs geschrieben. Wenn man alle Bundesligajahre zusammenrechnet, stehen wir momentan als zweitbester deutscher Verein da. Im Gegensatz dazu fand die WM 2006 an manchen Orten statt, die Fußballrenommee zweiter Klasse präsentierten, man denke an Hannover, Nürnberg oder Frankfurt. Am Stadion kann es nicht gelegen haben, dass Bremen keine Spiele bekam, denn bei allem Charme ist auch unser Stadion modern. An der Weser steht ein Top-Stadion, das sich allerdings immer treu geblieben und Stück für Stück gewachsen ist. Es ist keine Arena, die von einem Jahr aufs andere hochgezogen wurde. Als Fan konnte man »jeden Stein« miterleben, der verändert wurde.

Das Stadion spiegelt haargenau die Erfolge des Vereins wider. Kam man im Pokal sehr weit oder wurde ein Rudi Völler verkauft, wurde ein Teil der Erlöse in eine neue Tribüne gesteckt. Andere Vereine haben jahrelang keinen Erfolg und trotzdem einen sterilen Kessel »auf Pump« gebaut bzw. hingesetzt bekommen.

Bremen, das muss man wissen, ist ein Bundesland, das chronisch pleite ist und immer am Strohhalm des Länderausgleichs zieht. Früher war Bremen sehr wohlhabend, doch inzwischen kommen die Steuerzahlungen der vielen Pendler, also der Menschen, die in Niedersachsen wohnen, aber in Bremen arbeiten, nicht mehr dem Bundesland Bremen, sondern den Niedersachsen zugute. Hinzu kam ein Strukturwandel, der vor allem die Werftindustrie in Bremerhaven traf. So hängen Land und Stadt Bremen am Tropf der reichen Bundesländer. Darunter leidet natürlich auch das Image der Bremer. Für das öffentliche Meinungsbild wäre die WM 2006 für Bremen wichtig gewesen, aber auch, um endlich mal Mittel zu bekommen, die eigene Infrastruktur aufzupeppen. Hannover genoss dieses Privileg bereits bei der WM 1974, bei der EM 1988 und bei der Expo 2000! Nun wurde die niedersächsische Landeshauptstadt wieder ausgewählt, obwohl Bremen schon die Zusage vom DFB-Präsidenten Egidius Braun bekommen hatte. Als dieser aber aufhörte, hatte Bremen verloren. Bundeskanzler Schröder, der lange Niedersachsen regierte und in Hannover heute noch lebt, legte beim neuen DFB-Präsidenten Mayer-Vorfelder ein gutes Wort ein für seine Heimatstadt – und wir waren draußen. Das ist zumindest die Bremer Version…

Hannover 96 spielte jahrelang unbedeutenden Fußball in der 2. und 3. Liga, die Titelgewinne des Vereins liegen mehr als ein halbes Jahrhundert zurück. Okay, einen Erfolg feierten sie mal wieder, zufälligerweise in diesem Kapitel, und zufälligerweise gegen Werder Bremen. Sie waren unser Gegner im Halbfinale des DFB-Pokals. Als damaliger Zweitligist besiegten sie uns in einem dramatischen Spiel nach Elfmeterschießen. Das war natürlich eine peinliche Niederlage, aber ich tröstete mich damit, dass 96 auch Gladbach im Endspiel bezwang und dass wir nun zum fünften Mal in Serie (seit 1988) ins Halbfinale gelangt waren. Eine stolze Serie! Mein Ärger über die WM-Stadt Hannover hat allerdings nichts mit dieser Blamage zu tun, denn 1992 war eine WM in Deutschland noch gar kein Thema. Das wurde es erst endgültig bei der Vergabe im Jahre 2000, und da tat diese Pokal-Niederlage selbst mir nicht mehr weh.

Aber auch ohne WM 2006 wächst unser sympathisches Stadion weiter. Werders aktuelle Erfolgswelle seit

2004 macht wieder keinen Bogen um seine Spielstätte, im Gegenteil: Aufgrund der immer größeren Nachfrage und der sportlichen wie wirtschaftlichen Entwicklung wird das Weserstadion im nächsten Jahr einen kompletten dritten Rang bekommen, sodass man am Ende bei einer Kapazität von 50.000 Zuschauern landen wird. Werder wird für diese kostspielige Erweiterung natürlich keine Anleihe aufnehmen und die Einnahmen zukünftiger Heimspiele verpfänden. Werder macht es, weil es sich das leisten kann. Natürlich wird jetzt über branchenübliche Finanzierungsinstrumente wie Namensvergabe des Stadions nachgedacht. Aber mich würde es nicht groß stören, sollte das Weserstadion umbenannt werden, wenn der Verein dadurch Geld verdient. Wichtiger finde ich, dass es noch an der Weser liegt. Und dieser Standort und die ganze Tradition, die damit verbunden ist, wird durch die bald kommenden Ausbauarbeiten auf Jahre gesichert.

Ich finde es einfach nur schön und herzerwärmend, wenn man weiß, dass in einem Stadion, in dem heute der FC Chelsea besiegt wird, früher schon der FC Altona 93 zu Gast war. Im heutigen Alter weiß ich erst wirklich den Standort des Stadions am Osterdeich zu schätzen. Ich kenne kein anderes Stadion dieser Größenordnung, das so nahe an ein Kneipenviertel angeschlossen ist wie das unsere. Wenn man aus der Westkurve kommt, geht man nur einige Meter geradeaus durch den Peterswerder-Tunnel und sitzt dann schon mit einem Bein an der Theke. Man stelle sich mal vor, man müsste mit der S-Bahn noch 20 Minuten von Tenever oder Sebaldsbrück oder Hemelingen oder irgendeinem abgelegenen Industriegebiet bis ins »Viertel« fahren. Da können die anderen von ihren ach so modernen Arenen schwärmen – so ein Stadionumfeld haben nicht viele.

Was mich am Umbau ein bisschen traurig machen wird, ist der Wegfall der Flutlichtmasten, die uns von den meisten Arenen noch unterscheiden. Ihr Anblick bei der Anfahrt wird fehlen. Gott sei Dank bleibt die äußere ovale Stadionform bestehen, sodass der Erkennungswert des Weserstadions erhalten bleibt. Wenn mein Sohn später einmal sein Panini-Album voll hat, soll er mich nicht dauernd fragen müssen: Papa, ist das jetzt das Stadion von Hannover, Frankfurt, Köln, Schalke oder Bremen? Dann kann ich sagen: Jung, das ovale Stadion, das ist Bremen, diese Form hatte es schon immer.

Zurück zu der empfindlichen Pokalniederlage gegen Hannover 96. Für die notwendige Aufmunterung in dieser Saison 1991/92 sorgte der Europapokal der Pokalsieger. Im Viertelfinale gastierte im Hinspiel an der Weser der Stolz der Türken, Galatasaray Istanbul, welches für mich als eine lösbare Aufgabe erschien, da die Türkei in Sachen europäischer Spitzenfußball noch in den Kinderschuhen steckte. Der damalige Koch aus unserem Lokal, Klaus, fuhr mit mir nach Bremen. Er begleitete mich immer öfter, weil er anscheinend an unseren Ruhetagen nicht wusste, was er machen sollte… Nein, er machte es gerne, und ich bin ihm heute immer noch sehr dankbar dafür.

Im Heimspiel gegen Galatasaray traute ich meinen Augen nicht: Es war eine reine Auswärtspartie für uns, die Türken waren in der Überzahl durch die vielen Gastarbeiter, die eine Karte ergattern konnten. Mir wurde mulmig. Das roch nicht gerade nach den Werder-Schlachten, die ich aus dem Fernseher kannte. Logischerweise lagen wir durch ein Tor von Roman Kosecki dann auch schnell 0:1 zurück. Roman Kosecki ist für mich seitdem ein Synonym für »Auswärtstor« bzw. Heimgegentor, ein Stich ins Herz. Damals hab ich es nicht so empfunden, aber im Nachhinein war es wieder mal ein kleines Werder-Wunder, dass ein gewisser, mir damals nur wenig bekannter Marinus Bester noch das 2:1 für uns besorgte. Nach dem Schlusspfiff ging ich unzufrieden aus dem Stadion, ich hatte doch mit mehr gerechnet. In Istanbul wären wir nun mit einer 0:1-Niederlage im Viertelfinale rausgeflogen. Und wenn ich vorhin schon von einem Hexenkessel geschrieben habe – dort in Istanbul erwartete uns die Mutter aller Hexenkessel! Da kann man schon mal die Orientierung, sprich das Spiel verlieren. Mir war vor dem Anpfiff schon schlecht. Es gibt so Spiele, da merkst du, nein, heute klappt nichts, das wird nichts, die Gestik und die Haltung der Spieler so lethargisch … Und man sitzt vor dem Fernseher und schaut nur auf die Uhr, dass sie die 90 Minuten bitte schnell verschlingen möge.

Die Türken bestürmten pausenlos im Schneematsch von Istanbul unser Gehäuse. Das waren bis dahin die längsten 90 Minuten in meinem Leben. Hatte ich schon erwähnt, dass mein Magen immer mehr vibriert, je länger es 0:0 steht? An solchen Tagen, an denen man schon vor dem Spiel so ein schlechtes Gefühl hat, kann nämlich ein Gegentor die reinste Medizin für mich sein! Man steht morgens auf und spürt, heute verlieren wir. Und dann kriegst du kein Gegentor eingeschenkt, und du sagst, komm, du blöder Ball, jetzt zeig es uns endlich, ich weiß, heut verlieren wir! Aber er geht nicht rein, auf einmal denkst du, Mensch, vielleicht verlieren wir heut doch nicht!

Das ist ein seltsamer Moment. Einerseits sollte man sich freuen, dass man noch im Spiel ist, aber andererseits hat man jetzt wirklich was zu verlieren. Jetzt doch noch den entscheidenden Treffer einzufangen, wäre noch schmerzhafter, als wenn es am Anfang passiert wäre. Deswegen bevorzuge ich bei mulmiger Vorahnung ein schnelles Gegentor! Das befreit die argwöhnische Seele doch ungemein, eine Zentnerlast fällt von mir ab. Vielleicht ist es auch die Genugtuung, mit dem schlechten Gefühl richtig gelegen zu haben, die mich dann wie befreit durchatmen lässt…

Aber in diesem Spiel war noch nichts mit Durchatmen. In der 90. Minute stand es immer noch 0:0. Und dann in der allerletzten Aktion, die ich kurz vorm Kollabieren hinter meinem Couchkissen erlebte, schien das Unglück seinen Lauf zu nehmen. Eine scharfe Hereingabe von der rechten Torauslinie landete direkt an unserem Fünf-Meter-Raum, zentrale Stürmerposition! Ich sah den türkischen Spieler schon heranstürmen. Er holte zum Schuss aus, und Olli Reck, unser Schlussmann, sprang ihm verzweifelt entgegen. Ich schaute weg. Und wartete auf den Torschrei des Reporters. Wie durch ein Wunder kam er nicht! Der Ball blieb einem Meter vor dem einschussbereiten Stürmer im tiefen Schnee hängen und entschied sich dafür, in den Armen unseres Torhüters zu landen! Bei »normaler Witterung«

wäre das ein Tor geworden. Wahnsinn! Die nächste Aktion war der Schlusspfiff des Schiedsrichters, 0:0, wir waren im Halbfinale! Und ich auf den Weg der gesundheitlichen Besserung.

Das Halbfinale erlebte ich leider nicht komplett. Der belgische Pokalsieger FC Brügge wurde uns zugelost, und wir verloren das Hinspiel mit 0:1 in Flandern. Das sollte aufzuholen sein, in Bremen. Erschrocken stellte ich allerdings fest, dass ich während des Rückspiels in den Osterferien meinen Brieffreund Giacomo in Mailand besuchen sollte. Natürlich flog ich hin, mir wurde ja auch eine Karte fürs Mailänder-Derby versprochen. Und als 15-Jähriger alleine nach Milano, das hatte was. Der Urlaub war wirklich klasse, allein der Straßenfußball mit italienischen Jugendlichen machte mir eine Menge Spaß. Aber der Tag X war allgegenwärtig, und ich überlegte verzweifelt, wie ich das Rückspiel miterleben könnte. Mir fiel partout nichts ein; per Radio war nichts zu empfangen, und der italienische Videotext zeigte keine Zwischenergebnisse. Ich hatte keine Chance. 90 Minuten lang zu Hause anzurufen, ging ja wohl nicht, und SMS gab es noch nicht. Gegen 22 Uhr sagte ich zum Familienvater, der ein wenig deutsch sprach: »Mauro, mach es! Ich werde es aushalten. Schalt den Videotext ein, das Spiel müsste jetzt zu Ende sein und das Ergebnis feststehen.«

Mauro gab die Zahlen-Kombination auf dem Videotext ein, und ich fühlte mich stark. Ich beobachtete, wie die Zahlen sich immer weiter der eingegebenen Tafelnummer näherten: Ich kochte innerlich und forderte den Videotext regelrecht heraus: Komm schon! Zeig's mir! Und dann zack:

Coppa della Coppa (Pokal der Pokalsieger), Werder Bremen - FC Brügge 2:0.

Jaaaaaaaaaaaaaaa! Finale! Ich bin ausgeflippt, wie von Sinnen. Temperamentvoller hätte kein Italiener jubeln können. Ich lernte Ecken dieses Hauses kennen, die mir in den sieben Tagen zuvor gar nicht aufgefallen waren, so bin ich gerannt. Und meine Gastgeber hatten von mir eine Ecke gesehen, die ihnen vorher wahrscheinlich auch nicht bekannt gewesen war. Das war mir aber so was von schnuppe! Wir waren zum ersten Mal in einem Europacup-Finale.

Wieder zu Hause, war ich natürlich stolz ohne Ende und schaute mir die Videoaufzeichnung, die Papa netterweise organisiert hatte, noch mal in Ruhe an. Was war das schön. Marco Bode und Manni Bockenfeld sorgten exakt für die zwei Tore, die wir benötigt hatten.

Das Finale im Mai 1992 fand im Estadio da Luz in Lissabon statt. Ein 100.000-Mann-Kessel war der passende Rahmen für unser Spiel gegen den französischen Pokalsieger AS Monaco. Dachten jedenfalls alle 15.000 Zuschauer, darunter die Mehrzahl aus Bremen, die den Weg in Portugals Nationalstadion gefunden hatten. 15.000 Zuschauer in einem Koloss für 100.000, eine beschämende Kulisse!

Es lag weniger an uns Bremern, sondern eher an dem Gegner AS Monaco, der nicht gerade bekannt für seine große Fanschar ist. Obwohl der französische Spitzenklub in der Liga unseres Nachbarlandes immer oben mitspielt, sehen die Heimspiele nur selten mehr als 6.000 Leute. Und da sind alle Adligen schon mit drin. Ein weiterer Grund war natürlich die Lage des Endspielortes im fernen Süden Europas. Hätte das Spiel in Brüssel oder Amsterdam stattgefunden, hätten wahrscheinlich mehr Zuschauer den Weg ins Stadion gewagt, vor allem neutrale Fans. Aber das sollte uns nicht länger stören. Nur mein Vater spricht heute noch gerne voller Ironie über diese »Super-Atmosphäre, damals, bei eurem Finale in Lissabon…«

Und unser Trainer hatte mal wieder tief in die Trickkiste gepackt vor dem Finale: Er entschied sich kurzfristig, Oldie Klaus Allofs neben Wynton Rufer stürmen zu lassen, obwohl während der Saison häufiger Frank Neubarth, Stefan Kohn oder Marco Bode zweite Spitze spielten. Otto Rehhagel vertraute aber lieber der Coolness und Technik des ehemaligen Nationalspielers. Der Hauptgrund für Allofs Nominierung war aber wohl seine langjährige Frankreich-Erfahrung, wo er ja bis 1990 gespielt hatte. Er kannte den AS Monaco wie seine Westentasche, und, positiver Nebeneffekt, die Monegassen kannten ihn, das brachte uns schon mal ein wenig Respekt. Denn als Stürmer bei Olympique Marseille und Girondins Bordeaux brillierte er nicht selten gegen das Team aus dem Fürstentum.

Als die Fernsehübertragung losging – wir saßen wieder mit der ganzen Familie im Wohnzimmer, inklusive des nunmehr vierten Schwesterchens, der Marie, die leider nichts mitbekam, da sie noch in Mutters Bäuchlein schlummerte –, war ich natürlich selten nervös. In 90 Minuten könnten wir auf dem Gipfel sein, wir, der SV Werder, unglaublich, bitte lieber Gott, betete ich. Mittags hatte ich in der Kirche zwei Kerzen angezündet, sicher ist sicher.

Das Spiel lief nicht schlecht, wir standen hinten souverän; das mussten wir auch, da unser Stammtorhüter Olli Reck gesperrt war, wegen einer Roten Karte im Spiel gegen Brügge. Und sein Vertreter Jürgen Rollmann sollte doch bitte nicht so viel zu tun bekommen, denn der sicherste war er für mich auch nicht…

Ende der ersten Halbzeit, ich fühlte mich überraschenderweise ziemlich gut, was nicht heißt, dass ich keine Schmerzen in der Magengegend hatte – da flog ein Ball in den Strafraum der Monegassen, der genau auf den Kopf von Kiwi Rufer landete. »Aufs Tor!«, schrie ich, und was machte der schlaue Neuseeländer? Er legte den Ball ab Richtung Elfmeterpunkt, wo – wer sonst – Klaus Allofs angerauscht kam und das Ding mit einem platzierten Schuss ins untere Toreck setzte! Wahnsinn. 1:0, ausgerechnet Allofs, dachten nicht nur die Franzosen. Die pure Freude sprühte aus mir. Bis zur Halbzeitpause schaukelten wir das Ergebnis mehr oder weniger locker nach Hause. Durchatmen, hoffentlich brennen die Kerzen in der Kirche noch.

Die ersten zehn Minuten der zweiten Halbzeit versuchte der AS Monaco das Geschehen in unsere Hälfte zu verlagern, und wir drückten aggressiv schon an der Mittellinie dagegen. Als die Monegassen mit der ganzen Mannschaft bis an die Mittellinie heranrauschten, agierte unser Mittelfeld mit einem exzellenten Pressing. Defensivspezialist Mirko Votava jagte dem Gegner mitten in der Vorwärtsbewegung den Ball ab und spitzelte ihn zu Klaus Allofs, der nur kurz zuckte und einen Weltklasse-Pass genau in die Nahtstelle zwischen den beiden letzten Monaco-Abwehrspielern spielte, sodass der Ball aber so was von perfekt in den Lauf des herangestürmten Wynton Rufer kam. Auf dem Fernseh-Bildschirm sah das dann in etwa so aus: Links am Bildrand war der Monaco-Torwart Ettorie, dann kam lange nichts, und rechts war Kiwi mit dem Ball. Und der rannte und rannte auf das Tor zu, und langsam kamen jetzt auch verzweifelt hinterherjagende Monegassen mit ins Bild. Jetzt stürmte der Torwart Kiwi entgegen… und die Abwehrspieler immer näher. Kiwi, mach keinen Scheiß!, dachte ich. Ettorie war jetzt direkt vor ihm. Und Kiwi hatte erst einmal die Idee, den Ball seitlich an dem herausgeeilten Keeper vorbeizuspitzeln und seinerseits an der anderen Seite am Torwart vorbeizusprinten, um sich dann den Ball vor dem leeren Gehäuse wieder zu angeln. Das schaffte er auch vorzüglich, nur der Bogen, den er um Ettorie machte, und die anschließende Ballkontrolle kosteten doch etwas Zeit, sodass die Abwehrspieler jetzt direkt hinter ihm waren. »Schieß endlich, bevor die dich umnieten«, schimpfte ich. Das Spielchen hatte lang genug gedauert, und Wynton wurde tatsächlich umgegräscht. Allerdings erst, nachdem er die Kugel noch ins leere Tor geschoben hatte! 2:0, in der 55. Minute!

Das gibt's doch gar nicht, zwei Tore Vorsprung für uns »Endspielversager« von 1989 und 1990! Wenn ich mir das Tor heute auf Video anschaue, mischen sich Wut, Ungläubigkeit, Stolz und Freude. Es war ein super Pass von Allofs und eine verdammt geniale Aktion von Rufer, allerdings war sie auch verdammt knapp.

Monaco hatte noch eine große Chance, die aber auf

der Torlinie geklärt wurde. Ansonsten hatten wir alles im Griff. Und dann kam der Schlusspfiff! Der Pott war in Bremen! Werder war jetzt auch in Europa eine Nummer! Ottos Schachzug, auf Allofs zu setzen, war ein voller Erfolg. Ein Tor und eine Torvorlage, genauso hatte Otto sich das gedacht. Wenn man ehrlich ist, hatten wir fast nur diese beiden Torchancen, und die haben wir eiskalt genutzt. Das war die Winner-Qualität, die auch ein Klaus Allofs mit nach Bremen brachte.

Werder war jetzt ein absolut reifes Spitzenteam. Nach dem DFB-Pokal 1991 stand die Truppe im Sommer 1992 wieder mit einer Trophäe auf dem Rathausbalkon und im Aktuellen Sportstudio. Die schon immer guten Leistungen spiegelten sich jetzt auch in Titeln wider. Das war genial und noch lange nicht das Ende dieser wunderbaren Zeit der frühen Neunziger. Otto ruhte sich nicht auf diesen Erfolgen aus, sondern forschte in der Sommerpause nach neuen Spielern. Denn im Liga-Alltag erkannte er, dass uns ein richtiger Mittelfeldspieler fehlte, der das Spiel lesen und antreiben konnte, eine typische Nummer 10, wie es früher z.B. Günter Netzer war. Der so einen Allofs-Pass jede Woche spielen konnte. Alles andere war ja vorhanden, aber ab und an fehlte der Schlüssel, der unser Spiel öffnen konnte. Und solch ein wichtiger Spieler sollte aus Österreich kommen! Jetzt spinnt der Otto endgültig, aber vielleicht hat er ja noch mal so viel Glück wie mit Kiwi, dem Neuseeländer... Wir waren gespannt, wer da kommen sollte. Aber erst mal freute ich mich über den Cup der Pokalsieger, einen ganzen Sommer lang!

KAPITEL 8

Saison 1992/93: »Herzilein« lässt die Bayern traurig sein

Trotz Gewinn des Europapokals durfte der durchwachsene Liga-Alltag aus der Vorsaison nicht übersehen werden, dafür war die Bundesliga viel zu wichtig. Wenn man dauerhaft dort im Mittelfeld rumdümpeln würde, wäre das nicht gut fürs Image. Und außerdem sind Pokalerfolge nicht jedes Jahr einzuplanen, da dort auch das (Los-)Glück eine große Rolle spielt. Werder Bremen hatte die gute Angewohnheit, Pokalerfolge nicht im Wirtschaftsetat einzuplanen, sodass die dort erzielten Einnahmen reiner Bonus waren. Diese hanseatische Eigenschaft zeichnet uns heute noch aus. Andere Teams kalkulieren mittlerweile Europapokal-Einnahmen ein und stehen ziemlich schlecht da, wenn sie sich gar nicht dafür qualifizieren konnten. Für mich ist das schlicht und einfach arrogant, es sei denn, man heißt FC Bayern, der ist eh immer dabei.

Werders Planungen drehten sich in diesem Sommer also um eine echte Nummer 10. Und Otto Rehhagel fand sie in Wien: in dem jungen Österreicher Andreas Herzog, genannt Andi. Die Öffentlichkeit brach wieder mal nicht in Euphorie aus, man hatte doch mit einem größeren Namen gerechnet. Aber Otto wäre nicht Otto gewesen, wenn er Austrias größtes Talent nicht schon lange auf dem Zettel gehabt hätte. Herzog passte ziemlich genau in die Otto-Schablone: Er war jung, hatte bis auf österreichische Titel noch nichts Weltbewegendes gewonnen, er war noch entwicklungsfähig, aber sehr reich an Talent. Und ganz wesentlich, er war ebenfalls fest liiert, was dem Trainer bei Wynton Rufer damals auch schon wichtig gewesen war. Heiraten wollte Andi seine Katrin allerdings erst, »wenn Österreich Fußballweltmeister wird«. Es gibt hoffnungsvollere Aussichten für eine Partnerin…, aber das war der Wiener Schmäh, den Herzog glücklicherweise besaß. Für Stimmung innerhalb der Mannschaft konnte er also auch noch sorgen.

Die Testspiele mit unserer neuen Nummer 10 liefen schon ganz gut, aber noch nicht perfekt. Es schaute hübsch aus, aber ab und an stimmten die Laufwege noch nicht. Außerdem musste in der Defensive umgedacht werden, da ein Spielmacher vom Typ eines Herzog oder früher Netzer hinten nicht wirklich mitarbeitete.

Am ersten Spieltag in Nürnberg waren wir optisch überlegen und spielten 0:0. Aber mehr als ein bis zwei gute Aktionen waren von Herzog noch nicht zu sehen, nur seine Eleganz am Ball fiel schon auf. Das Spiel in Deutschland hatte ein Tempo, das für einen Österreicher doch schneller als gewohnt war. Auch im ersten Heimspiel gegen Leverkusen lief es noch nicht rund, und wir spielten wieder nur unentschieden, 1:1.

Am dritten Spieltag brachte Rehhagel neben Herzog noch Uwe Harttgen, der sein Vorgänger auf dieser Position war, ohne dabei zum ganz großen Star aufgestiegen zu sein.

Aber kicken konnte er auf jeden Fall. In Karlsruhe zündeten die beiden ein wahres Feuerwerk ab an Traumpässen, welches für eine schnelle, berauschende 2:0-Führung sorgte. Das war Fußball vom Allerfeinsten. Allerdings zeigte sich jetzt ein Defensiv-Problem, da wir ja zwei Zehner auf dem Platz hatten. Als der KSC sich von dem Schock erholt hatte, machte er mal eben kurzen Prozess mit uns und schickte uns doch noch mit 5:2 nach Hause. Das war eine Niederlage, die so richtig ins Herz ging. Wir hatten es in der Anfangseuphorie versäumt, die Führung auszubauen, ehe Rainer Krieg, Manni Bender und Sergej Kiriakow uns in Einzelteile zerlegten. Diesen Mittwochabend vor dem Videotext werde ich nie vergessen, denn wir waren mit den fünf Gegentoren noch gut bedient; als der KSC das letzte schoss, waren erst 70 Minuten gespielt.

Es kam gleich wieder Unruhe auf, zumal wir auch als Titelverteidiger im Europacup ziemlich früh gegen Sparta Prag ausschieden und in der Liga weit von der Spitze entfernt waren.

Vor dem Auswärtsspiel in Dresden war man sich einig, dass jetzt endlich mal der viel zitierte Knoten platzen müsste, vor allem bei unserem »Alpen-Maradona«, wie Herzog in seiner Heimat genannt wurde. Und er platzte! Herzog spielte brillant und erzielte sogar sein erstes Ligator für Werder. Wir gewannen 3:2. Ottos neuer Abwehrspieler Didi Beiersdorfer traf ebenfalls, per Kopf.

Zwei Wochen später entzauberten wir den Tabellenführer Bayern München im Olympiastadion mit einem grandiosen Sieg und einem genialen Andi Herzog. Der Wiener spielte einen Zuckerpass auf Kiwi Rufer zum 1:0 und legte anschließend noch mit einem herrlichen Schlenzer in den Winkel das 2:0 höchstpersönlich nach. Dann bekam jedes Team noch einen Elfmeter, und wir siegten 3:1 und waren den Bayern zusammen mit den Frankfurtern auf den Fersen.

Dieser Sieg war wie ein Befreiungsschlag, der eine ziemlich gute Serie einläutete, die uns bis zum 21. (!) Spieltag unbesiegbar machte.

Ich will es nur nebenbei erwähnen, aber die dann folgende Niederlage in Bochum am vierten Spieltag der Rückrunde ging auf meine Kappe. Es war nämlich mein erstes Liga-Spiel von Werder in dieser Saison, das ich live verfolgt hatte…

Zur Winterpause lagen wir in angenehmer Lauerposition auf Platz 3, was unseren Trainer Otto Rehhagel nicht davon abhielt, weiter an seinem Team rumzubasteln. Neben Wynton Rufer, der es dieses Jahr auf 17 Tore brachte, fehlte ihm noch eine treffsichere Alternative. Klaus Allofs, Stefan Kohn und Marco Bode waren Otto nicht schlagkräftig genug: Allofs wurde ja nicht jünger, Kohn traf meistens nur in Pokalspielen, und Marco Bode musste oft in der Defensive ran, was er so gut machte, dass er dadurch sogar später in der Nationalelf landete.

Auch bei der Stürmersuche im Winter blieb Otto seinem Stil treu. Es sollte kein großer Name sein, der extravagante Ansprüche stellt, sondern ein kleiner Emporkömmling der Marke Völler oder Riedle, die ja erst in Bremen zum Nationalstürmer wurden. Ottos Auserwählter war Bernd

Hobsch aus Leipzig, der die Torschützenliste der 2. Bundesliga anführte. Also, gehört hatte man den Namen schon. Aber es gab wieder mal Zweifel, ob der Neue denn das Zeug für die Bundesligaspitze hatte.

Am ersten Rückrunden-Spieltag, im Heimspiel gegen Nürnberg, machte Otto es ganz geschickt. Ich verfolgte das Spiel wie immer am »Radio-Text«. Werder kam souverän aus dem Winter und führte durch Herzog und Rufer ganz relaxt mit 2:0. Kurz vor Ende durfte dann Bernd Hobsch ran. Mit seinem ersten Ballkontakt, nach schöner Herzog-Flanke, vollendete er zum 3:0. Ich bin ausgeflippt am Radio, weil ich mich so für ihn und Otto und für uns gefreut habe. Anschließend ging ich zur Mannschaftsfete (ich spielte jetzt mit 16 in der B-Jugend), die schon im vollen Gange war. Siegestrunken öffnete ich die Scheunentür und schrie, so laut ich konnte: »Allez Hobsch!«, ohne zu ahnen, was ich mir damit eingebrockt hatte. Ab sofort hieß ich nur noch »Hobsch«, oder, je nach Zuneigung, »Hobschi«. Zum Glück nennen mich heute nur noch meine damaligen Mitspieler so.

Der echte Hobsch ließ es in den nächsten Spielen noch öfter krachen, vor allem im Zusammenspiel mit Andi Herzog, was die Medien dazu veranlasste, das Duo auf »Hübsch und Hobsch« zu taufen.

Später fiel der junge Leipziger in ein persönliches Tief, Werder aber siegte immer weiter. Im April 1993 verloren wir allerdings das Spitzenspiel in Frankfurt mit 3:0, sodass wir immer noch zwei Punkte hinter den Bayern lagen. Mit diesem Abstand kamen die Bayern am Montag, dem 26.

April, ins Weserstadion! Jetzt ein Heimsieg, und alles wäre drin. Das Spiel wurde in den Medien richtig hochgejazzt, sogar extra von Dienstag auf Montag vorverlegt, sodass es als Einzelspiel den würdigen Rahmen bekam. Mein Vater, der Bayern-Fan, stellte draußen im Biergarten einen großen Fernseher auf, der dafür sorgte, dass die ganze Terrasse voll war. Im Dorf gab es ja viele Fußballfans, und die meisten wussten, dass dieses Spiel auch ein kleines Generationenduell war, Papa gegen Sohn, Bayern gegen Werder. Komischerweise hatte ich den Mut, mir das Spiel zwischen der ganzen Meute anzusehen. Wahrscheinlich lag es daran, dass ich zu der Zeit die ersten Kontakte mit Alkohol hatte und alles ein bisschen lockerer sah. Oder es war das Selbstvertrauen durch Werders gute Leistungen in der Vergangenheit, oder dass wir nur Zweiter waren und allein die Bayern etwas zu verlieren hatten. Von allem ein bisschen, denke ich.

Die Bayern gingen schnell in Führung durch Christian Ziege. Aber Werder hielt dagegen und kam durch einen damals berechtigten, heute natürlich zweifelhaften Elfer zum 1:1, durch Wynton Rufer. Kurz nach der Pause bekamen wir noch einen Strafstoß, den man auch geben konnte, und Kiwi verlud Ersatztorhüter Gospodarek zum zweiten Mal, 2:1! Ich fühlte mich gut im Biergarten, während Papa sich langsam zur Theke begab. Nun mussten die Bayern Druck machen, und wir konterten sie ganz elegant aus und legten mit »Hübsch und Hobsch« noch zwei Tore nach. 4:1 gegen die Lederhosen, die gar nicht fassen konnten, wie ihnen geschah. Nach diesem Spiel schimpften sie natürlich heftig über die zwei Elfmeter, worauf Otto sogar das Mikro niederlegte und das Doppelinterview mit Bayern-Trainer Ribbeck abbrach. Die Bayern hatten nach unserem 2:1 genug Chancen und Zeit gehabt, das Ergebnis zu korrigieren, und im Hinspiel waren wir auch schon besser gewesen. Also musste der Schiri für die Niederlage herhalten, wie so oft. Uns war das egal, wir waren nur noch zwei Tore hinter ihnen! Alles war auf einmal möglich!

Am 30. Spieltag besiegten wir in einem dramatischen Heimspiel den inzwischen sehr starken BVB mit 1:0, so dass wir einen Verfolger abschütteln konnten und es wirklich nur noch um Bayern und Werder ging. Drei Tore trennten uns inzwischen.

Am nächsten Spieltag mussten wir zu den heimstarken Gladbachern, und ich war live dabei. Der Betreuer unserer B-Jugend war Gladbach-Fan und nahm mich mit. Ich hatte Riesenrespekt vor der Fohlenelf. Unsere Mannschaft offenbar auch, so wurde sie vorgeführt! Wir hatten in dieser wichtigen Saisonphase nicht den Hauch einer Chance, und Gladbach machte eines der besten Spiele seiner Bundesliga-Geschichte. Wir verloren mit 1:3 und waren noch gut bedient. Zu guter Letzt stand neben mir im Block auch noch ein Bayern-Fan, dessen Schadenfreude mir natürlich den Rest gab. Das einzig Positive war, dass Dortmund zu Hause 0:4 gegen Stuttgart verlor und der Abstand zu ihnen gleich blieb. Positiv waren auch die Leistungsnoten der Gladbacher in der Presse: Von elf Spielern bekamen sechs eine glatte »eins« und fünf eine »zwei«. Kann mich nicht erinnern, wann ich das schon mal gelesen habe. Und die Noten waren berechtigt! Genau wie unsere Fünfen und Sechsen.

Die Bayern gewannen natürlich ihr Spiel und hatten zwei Punkte und acht Tore Vorsprung bei noch drei Spielen. Das war es dann wohl mit der Meisterschaft. Wäre ich bloß nicht zum Bökelberg gefahren, zweites Saison-Live-Erlebnis, zweite Niederlage …

In der Woche darauf geschah das Unfassbare: Wir gewannen in Saarbrücken 4:0, und der KSC schickte die Bayern 4:2 nach Hause! Jetzt trennten uns wieder nur noch zwei Tore! Jetzt verziehen wir den Karlsruhern das 5:2 vom Saisonbeginn. Die Woche darauf kam es zum Nordderby gegen den HSV, und die Bayern mussten gegen Bochum ran. Wir führten souverän 3:0 und die Bayern 3:1, so dass die Bayern noch ein Tor Vorsprung hatten. Aber kurz vor Schluss merkte Werder, dass der HSV an diesem Tag alles wollte, außer sich gegen ein 0:3 zu wehren, und läutete eine Schlussoffensive ein. Rufer in der 87. Minute besorgte die identische Tordifferenz zu den Bayern, und mit dem Schlusspfiff gelang Herzog gegen Ersatzkeeper Nils Bahr das 5:0! Werder war Tabellenführer und die Bayern geschockt! 32 Spieltage waren sie Erster gewesen und jetzt wurden sie abgelöst!

Aber es war ja noch ein Spiel zu gehen! Die Bayern mussten nach Schalke, das inzwischen wieder in der ersten Liga spielte und jenseits von Gut und Böse stand, und Werder musste zum VfB Stuttgart, der auch zum Siegen verdammt war, um in den UEFA-Cup zu kommen. Stuttgart? Da war doch was! Genau. 1986 verspielte Werder dort eine Woche nach dem Kutzop-Elfer gegen die Bayern die sicher geglaubte Meisterschaft! Das war die einmalige Chance, ihnen das heimzuzahlen und uns mit etwas Verspätung zu belohnen.

Unser Lokal war natürlich wieder gut gefüllt und ich wieder mittendrin. Aber mit den üblichen Wehwehchen belastet, kein Hunger, kein Durst, keine Lust zu reden. Der neue Pay-TV-Sender brachte eine Konferenzschaltung zwischen beiden Spielen, sodass man immer bestens informiert war.

Es geht los. Kaum habe ich Platz genommen: »Tor auf Schalke!« Ich ahne Schlimmes, doch dann sehe ich Ingo Anderbrügge jubelnd abdrehen! 1:0 für Schalke! Bei uns tut sich nichts, 0:0.

Dann wieder Tor auf Schalke, Bayern trifft zum 1:1! Wir kriegen immer noch nichts hin, weiter 0:0. Und dann wieder Jubel in Gelsenkirchen, jetzt haben sie uns, denke ich. Von wegen! 2:1, Borodjuk, die Halbzeitführung für Schalke. Bei uns geht es mit dem 0:0 in die Pause. Läuft ja ganz gut für uns, aber das eigene Spiel macht mir noch Sorge. Die Bayern werden das noch gewinnen, aber ob wir hier noch ein Tor schießen? Durchatmen. Zweite Halbzeit.

Stuttgart greift direkt wieder an, aber vertändelt den Ball in unserer Hälfte; Uli Borowka hat die Kugel und spielt den Pass seines Lebens, genau in den Lauf des gerade eingewechselten Bernd Hobsch, der ganz cool zum 1:0 einnetzt. Die Führung! Nur nicht zu früh freuen, rede ich mir ein. Das Fernsehen schaltet wieder nach Schalke, um die langen Gesichter der Bayern zu zeigen. Und dann: Tor in Stuttgart! Oh, NEIN! Bitte nicht! Als ich die Augen wieder öffne, sehe ich ein riesiges Jubelknäuel an der Werder-Bank! 2:0,

Thomas Wolter! Das muss es gewesen sein! Voller Selbstdisziplin und mit letzten Zweifeln bleibe ich still auf meinem Stuhl sitzen.

Eine Viertelstunde vor Ende: Tor für Bayern, 2:2. Zwei Minuten später 3:2 für die Bayern, die nun versuchen, einen noch höheren Sieg rauszuholen, um uns übers Torverhältnis zu kriegen. Mitten in deren Euphorie fällt wieder ein Tor in Stuttgart, wieder für Werder, 3:0, Bernd Hobsch! Das ist zu viel für die Bayern, die in ihrem Ärger noch das 3:3 schlucken müssen – die endgültige Entscheidung. Werder ist Meister, ausgerechnet gegen die Bayern und ausgerechnet in Stuttgart. Beim 3:0 bin ich dann endlich wie bekloppt über die Straße gerannt und habe gefeiert ohne Ende.

Alles, was damals im Fernsehen lief, habe ich aufgenommen und für immer in meinem Kopf gespeichert. Ich war jetzt in dem richtigen Alter für eine Meisterfeier, leider blieb mein Platz am Marktplatz wieder frei, da die Entscheidung ja erst am letzten Spieltag fiel und ich aus Aberglauben nichts organisiert hatte, um dahinzukommen. Aber es war trotzdem schön, ich lud ein paar Freunde ein und machte eine kleine Meisterschaftsfete. Unser Koch servierte eine Schnitzelplatte, die er passenderweise zu Ehren von Wynton Rufer mit haufenweise Kiwischeiben garnierte. Das fand ich richtig klasse. Dass ein letzter Anbaggerungsversuch bei einer damaligen Klassenkameradin, die ich ganz schlau eingeladen hatte, selbst in der Euphorie des sportlichen Erfolges wenig Gegenliebe fand, störte mich nicht weiter. Ich hatte mich jetzt eh in Andi Herzog verguckt, mein Herzilein. Werder hatte zum dritten Mal in Folge den

Rathausbalkon gemietet, nach einer sensationellen Meisterschaft. Im Pokal schieden wir übrigens im Viertelfinale in Chemnitz (!) aus, aber das interessierte im Mai 1993 keinen mehr.

KAPITEL 9:

Saison 1993/94: »Gestatten, Mario!«

Die Meisterschaft 1993 passte mir mit 16 Jahren wunderbar in den Kram, da bei mir »frauentechnisch« nicht wirklich viel lief. Meine Frau würde heute wahrscheinlich sagen: »Kein Wunder, bei deiner Klamottenwahl damals!« Auf diesem Gebiet war ich ein Spätzünder. Auf einem anderen Terrain war ich aber, ohne arrogant zu sein, in meiner Schulklasse Vorreiter, nämlich im Fan-Sein. Lediglich mein bester Kumpel Gunnar, ein glühender BVB-Supporter, konnte da mithalten. Wie es bei ihm mit den Frauen lief, können Sie sich ja denken – ungefähr so wie bei mir. Aber zu der Zeit gab es eben Wichtigeres: die Fortsetzung unserer Erfolge.

Werder bestand jetzt aus einer bärenstarken Achse: Im Tor Olli Reck, der in der Meistersaison meisterlich hielt, wie es sich gehörte. Die Abwehr hörte auf das Kommando des Norwegers Rune Bratseth, der 1987 als Probespieler eine Chance bekam und in den frühen Neunzigern zu jedem Verein der italienischen Serie A hätte gehen können. Im Mittelfeld spielte Andi Herzog in der Form seines Lebens, und Wynton Rufer sorgte dafür, dass Herzogs Pässe auch »tödliche« wurden. Trotzdem suchte Otto Rehhagel nach Alternativen, da auf Werder eine Menge Aufgaben warteten. Zum Beispiel der neue Modus im Europapokal der Landesmeister, nämlich die Champions League, die jetzt eine Kombination von Gruppen- und K.o.-Spielen vorsah. Die Gruppenspiele sollten jedem Team drei Heimspiele garantieren, also ordentlich Geld anschaffen. Im alten K.o.-Modus konnte ja, wenn es blöd lief, schon nach einem Heimspiel alles vorbei sein.

Und wo schaute sich Otto wieder nach neuen Spielern um? Richtig, auch als amtierender Deutscher Meister war er sich nicht zu schade, einen Zweitliga-Fußballer zu verpflichten! Bis jetzt hatten wir ja gute Erfahrungen mit ihnen gemacht. Der eine (Hobsch) schoss uns im Sommer zum Titel, und die zwei anderen (Völler und Riedle) haben später oft in hitzigen Römer-Derbys gegeneinander in der Serie A gespielt.

Der Glückliche dieses Jahr hieß Mario Basler, war Mittelfeldspieler bei Hertha BSC und der überragende Mann in der Hauptstadt und in Liga 2. In der Sportschau waren regelmäßig hübsche Tore von ihm gesendet worden, so dass man erahnen konnte, was er mit der Pille so alles anstellen konnte. Er hatte auch andere Angebote, aber Ottos Bilanz mit aufstrebenden Spielern lockte Herrn Basler wohl an die Weser, und unsere Trophäensammlung konnte sich ja mittlerweile ebenfalls sehen lassen. Ich freute mich auf Mario, bis ich eines Tages in der »Sport-Bild« ein Interview von ihm las, mit ungefähr dieser Schlagzeile: »Ich brauche mich nicht zu verstecken vor Andreas Herzog!« Huch, der Mann hat anscheinend eine Klappe, die noch größer ist als seine Schusstechnik, dachte ich. Wie kann der so beschränkt sein und an Herzogs Denkmal pissen? Was denkt er eigentlich, wer er ist? Der macht uns noch die ganze Harmonie kaputt im »Otto-Land«.

Rein sportlich war die Frage: Wo setzt man Mario hin? Die Position, die er bei Hertha innehatte, bekleidete hier Andi Herzog, der außer Frage stand. Otto brachte Mario immer öfter als rechten Flügelflitzer, der mit seiner feinen Technik scharfe Flanken schlagen sollte. Und das klappte so gut, dass er (wie konnte es anders sein bei Otto) im Eröffnungsspiel 1994 bei der WM in den USA für Deutschland auflief – nach seinem ersten Jahr bei Werder Bremen!

Unseren Meistertitel mussten wir in dieser Saison 93/94 trotzdem wieder nach München geben, obwohl wir die Bayern in der Hinrunde zu Hause wieder mal geschlagen hatten; nach einer schönen Basler-Flanke erzielte Bernd Hobsch das Tor des Tages zum 1:0-Sieg. Für dieses Mittwoch-Spiel hatte ich sogar zwei Karten bekommen, was schon ein Wunder war. Blöderweise begann damals die Zeit, in der der Kommerz eine noch größere Rolle spielte, und so wurde das Spiel mal eben ganz spontan auf Donnerstag verlegt: für eine lukrative Liveberichterstattung als Einzelspiel im Privatfernsehen. Ich konnte daher meine hart ergatterten Karten ganz elegant zurück an die Weser schicken, da unser Koch, meine personifizierte Mobilität, donnerstags natürlich arbeiten musste. Das war ziemlich traurig.

In der Liga reichte es dieses Jahr nicht zur Spitzengruppe, aber Sie erahnen es, die Pokalwettbewerbe hielten uns wieder mal bei Laune. Durch ein Traumtor von Mario Basler gegen Levski Sofia erreichten wir die Gruppenphase der

Champions League. Es gab keine Live-Übertragung im Fernsehen, und so erlebte ich das Spiel am Autoradio mit, als meine Mutter für die Fete eines japanischen Autohauses das Buffet dekorierte.

Die Auslosung schickte uns zusammen mit dem AC Milan, dem FC Porto und dem RSC Anderlecht in eine Gruppe. Platz 2 war das Ziel, um das Halbfinale zu erreichen. Los ging es in Porto – mit Stromausfall. Als nach einiger Verspätung doch angepfiffen wurde, lagen wir ruckzuck 0:1 hinten. Ziemlich bald »schafften« wir sogar das 0:3 (ich erinnere mich böse an einen Spieler namens Dominguez oder so), und ich schämte mich für unseren Deutschen Meister. Komischerweise kämpften wir uns noch auf 2:3 heran, und das sah ja noch ganz erträglich aus für ein grottenschlechtes Spiel von uns.

Trotzdem waren wir vor dem ersten Heimspiel der Gruppenphase gegen Anderlecht schon gehörig unter Druck. Natürlich wollte ich unbedingt gegen den belgischen Meister live dabei sein und mir an einer hiesigen Kartenstelle für mich, für zwei Kumpels und unseren »Chauffeur«-Koch Klaus vier Tickets bestellen. Dabei stellte sich heraus, dass Werder-Manager Willi Lemke, ganz der Fuchs, die Tickets nur im Dreierpack angeboten hatte, sprich, es gab nur Pakete für alle drei Heimspiele. Da bekam ich Angst. Erstens: Konnte ich mir das finanziell überhaupt leisten, und zweitens: Hatte unser Koch überhaupt Zeit und Lust, drei seiner seltenen Ruhetage für Werder zu opfern? Ich zahlte damals pro Spiel 20 DM für einen Nordtribünen-Stehplatz, glaube ich. Heute wäre es das reinste Schnäppchen.

Meine Sorgen waren schließlich unbegründet, wir waren gegen den RSC dabei – und bereuten es: Werder kriegte gar nichts zustande und lag bei strömendem Regen zur Pause mit wieder einmal 0:3 hinten! Herzog wurde ausgewechselt und unser Torwart von den eigenen Fans ausgelacht, weil er bei einem Gegentor zu weit vor der Kiste stand. Ich pöbelte nicht mit, dafür fuhr ich keine 265 Kilometer! In der Halbzeitpause verließen mehrere »Fans« das Weserstadion, und der Rentner vor mir schimpfte, was das Zeug hält. »Scheiß Torwart, Pannen-Olli! Alles Scheiße! Ich hau ab!«

Auf meine Empfehlung, doch mal ruhiger zu werden, folgten nur noch derbere Wörter. Schließlich sagte ich zu ihm: »Bleiben Sie hier, die zweite Halbzeit wird in die Geschichte eingehen. Entweder kriegen wir hier so was von auf die Nüsse, wie es einem Deutschen Meister noch nie widerfahren ist, oder…«

»Oder was?! Du spinnst doch, bist halt noch jung!«

Zur Pause stellte Otto den Mario auf Herzogs Spielmacherposition, und Torwart Olli blieb im Kasten, sehr zum Ärger des Rentners vor mir. Doch die Fans, die noch im Stadion waren, machten es den BVB-Fans nach, die zuvor beim UEFA-Cup-Spiel in Kopenhagen 45 Minuten lang ihre Mannschaft mit einer umgetexteten Go-West-Hymne der Pet Shop Boys angefeuert hatten: »Olé, hier kommt der SVW, Olé, hier kommt der SVW, Olé…«, hallte es bis zum Schlusspfiff durchs regnerische Weserstadion. Man erhoffte sich, dadurch die Werder-Elf wachzurütteln, aber als es nach 65 Minuten immer noch beim Drei-Tore-Rückstand blieb, sang man halt weiter, weil grad jeder den »komplizierten« Text beherrschte…

Nebenbei bemerkten wir aber, dass Werder etwas besser wurde, und in der 66. Minute wurde das schöne Lied durch das schönste Lied im Fußball überhaupt unterbrochen: den Torjubel! Wynton Rufer hatte auf 1:3 verkürzt, leider zu spät. Immerhin sorgte er dafür, dass einige Zuschauer ihren Aufbruch verschoben und doch noch mit uns weitersangen. So schwer war der Text ja doch nicht.

Ein paar Strophen weiter landete der Ball auf dem Kopf von Rune Bratseth, 2:3 in der 72. Minute! Der Rentner vor mir schaute mich skeptisch an; er sang immer noch nicht mit. Aber wir wurden immer lauter, »Mensch, da sitzt wenigstens noch ein Remis drin!«

Jetzt lief der Gesang so nebenbei, jeder konnte ihn jetzt auswendig, mit Ausnahme des Rentners, und das Hauptaugenmerk galt der Partie. Und da fiel auf, dass jeder Angriff über Mario Basler lief. Wie befreit spielte er nach der »Beförderung« in die Zentrale auf. So auch in der 81. Minute, als Werder-Stürmer Hobsch frei vor dem belgischen Torhüter zum Kopfball ansetzte. Wie selbstverständlich landete der Ball im Tor, 3:3! Wahnsinn. Jetzt lagen sich alle in den Armen, und unser neuer Bekannter mittendrin.

Das ganze Stadion forderte mit energischen »Werder, Werder«-Rufen noch mehr. Es waren ja noch zehn Minuten zu spielen. Anderlecht war jetzt völlig von der Rolle, fix und fertig. Innerhalb von 15 Minuten hatten sie alles verspielt. Sofort nach Wiederanstoß eroberte Werder den Ball und trieb ihn rapide in den belgischen Strafraum, wo Marco Bode der Ball auf seinen linken Fuß fiel. Ohne zu schauen zog er ab, 4:3, nur eine Minute später. Der Werder-Wahnsinn! Das Stadion stand kopf, immer mehr Leute, die sich zu früh in die umliegenden Kneipen verabschiedet hatten, kamen zurück. Alle, wirklich alle, waren total durchgedreht.

Jetzt bekam ich allerdings meine obligatorischen Magenschmerzen, da wir ja mittlerweile was zu verlieren hatten. Tatsächlich kamen die Belgier noch mal zu einer schönen Schusschance: einen super Schlenzer genau in den Winkel, aber Olli Reck lenkte ihn sensationell um den Pfosten. Jetzt rief das ganze Publikum seinen Namen! Auch der Rentner in meinen Armen… das ist Fußball.

Eine Minute vor Schluss vollendete Kiwi Rufer mit seinem zweiten Tor dieses Kunstwerk von einem Spiel: 5:3! Gewonnen! Ich werde nie vergessen, wie Kiwi im Handstand vom belgischen Tor bis zur Mittellinie lief, um sein Tor und den Sieg zu feiern. Werders »Moskau« hieß ab heute »Anderlecht«. Nie zuvor hatte eine Mannschaft innerhalb eines Spiels in den letzten 25 Minuten solch ein Comeback geschafft im Europapokal der Landesmeister und schon gar nicht in der Champions League.

Den Rentner hab ich nie wieder getroffen, aber ich kann mir denken, welche Fußballgeschichte er seinen Enkeln am liebsten erzählt.

Jetzt war für Werder also alles drin, und es folgte das Heimspiel gegen den italienischen Giganten AC Mailand. Denen hatten wir 1989 schon ordentlich Paroli geboten, bevor wir durch einen Witz-Elfmeter ausschieden. Es war ein packendes Spiel gegen van Basten und Co., in dem Werder durch einen Elfer in Führung ging, den Kiwi Rufer in der ihm eigenen Manier locker-flockig verwandelte. Wynton lief immer langsam an, wartete bis zum letzten Moment, bis der Torwart sich für eine Ecke entschied, und schlenzte die Kugel dann praktischerweise in die andere. Rufer-Elfer waren garantierte Tore. Leider sorgte der serbische Superstar Dejan Saviecevic noch für den 1:1-Endstand, der aber völlig verdient war. Aber alle waren zufrieden, schließlich empfing man ja Porto noch zu Hause.

Vorher ging es aber noch mal gegen Milan, im San-Siro-Stadion. Dort glich Mario Basler mit einem abgefälschten Freistoß die Milan-Führung aus, und Werder verteidigte tapfer das 1:1. Diesen Punkt hatte man insgeheim gar nicht eingeplant, umso besser. Anscheinend hatte ihn unser guter Ersatz-Libero Frank Neubarth erst recht nicht eingeplant und semmelte kurz vor Spielende, als letzter Mann, über den Ball, womit er Saviecevic das 2:1 ermöglichte. Das tat weh. Ich war so traurig und voller Mitleid mit Neubarth, der zusammengesunken auf dem Spielfeld lag, dass ich ihm einen Brief schreiben musste, um ihn aufzumuntern: Irgendwann werde er auch mal wieder für Werder ein Spiel gewinnen, wie er es schon soft in der Vergangenheit geschafft hätte.

Unsere Aufmunterung sollte Porto heißen, die sollten wir doch zu Hause schlagen können, sie waren unser Konkurrent um Platz zwei. Dieses Spiel habe ich völlig aus meinem Kopf verdrängt, ich erinnere mich an nichts mehr, außer, dass ich fünf Minuten vor Schluss beim Stand von 0:4 fast ganz allein noch immer verzweifelt »Anderlecht, Anderlecht« gerufen habe, in der Hoffnung auf ein neues Wunder. Am

Ende gingen wir mit 0:5 unter! Das war mit die schwärzeste Stunde in Werders ruhmreicher Geschichte.

Wir waren raus, da half auch der abschließende 2:1-Auswärtssieg durch zwei Bode-Tore in Anderlecht nichts mehr. Was blieb, war »nur« die Erinnerung an unser Jahrhundertspiel gegen die Belgier, das 5:3. Die meisten Werder-Wunder basieren darauf, dass in zwei Spielen eines Wettbewerbs die Wende noch geschafft wird, was dann zum Weiterkommen reicht. Das Anderlecht-Spiel allein sorgte nicht für ein Überleben im Europapokal, aber es zeigte, was innerhalb der 90 Minuten alles möglich war, beziehungsweise in den letzten 25.

Unmittelbar nach diesem Wahnsinnsspiel bekam ich zu Weihnachten von meinen Eltern eine Werder-Mitgliedschaft (für ein Jahr) geschenkt. Das Tollste daran war ein handgeschriebener (!) Brief von Werder-Manager Lemke: »Lieber Jan, schön, dass du jetzt auch ein Werderaner bist! Viele Grüße von Otto, Uli, Willi usw.«

Ich stellte mit diesem Schriftstück so einiges an. Natürlich rahmte ich es ein, aber ich ließ es mir auch nicht nehmen, diesen Brief auf ein weißes T-Shirt zu drucken, das ich dann beim Sport anhatte. Heute hängt der Brief immer noch im Rahmen, zwar versteckt hinter einem Portrait-Foto meiner Frau, aber er ist immer noch da.

Für gute Stimmung in dieser Saison sorgte einmal mehr der DFB-Pokal. Erneut schafften wir es bis ins Halbfinale, wo wir kurz nach dem blöden Neubarth-Patzer in Mailand von Dynamo Dresden empfangen wurden, den heimstarken

Sachsen. In der hitzigen Atmosphäre blieb Werder ziemlich cool und ging durch Rufer in Führung. Als Dresden auf den Ausgleich drängte, erlöste ausgerechnet mein neuer »Brieffreund« Frank Neubarth mit dem 2:0 alle Werderaner! Sie können sich vorstellen, was ich mir danach eingebildet hatte, weil ich ihm ja geschrieben hatte... (obwohl ich nie erfahren werde, ob er meinen Brief überhaupt gekriegt hat).

Wir waren wieder mal in Berlin. Und dort wartete mit Rot-Weiß Essen ein Kellerkind der 2. Liga. Von beiden Finalisten sah ich dieses Jahr ein Pokalspiel live: Werders dramatischen Elfer-Krimi gegen Kaiserslautern erlebte ich genauso wie Essens packenden Pokalfight gegen unseren lokalen Stolz, den Regionalligisten 1. FC Bocholt. Auf der Stehgeraden am Bocholter Hünting bemerkte ich Tino Polster, einen Sportreporter, der damals von RTL zum DSF gewechselt war. Da er im Fernsehen sehr sympathisch rüberkam, vergewisserte ich mich bei ihm persönlich, ob er es wirklich sei. Er war es. Später kommentierte er auffallend oft Werder-Spiele im DSF, und das machte er so gut, dass man denken könnte, er sei Werderaner. In irgendeiner Zeitschrift stand es dann schwarz auf weiß, dass er Bremen-Fan war. Und das sollte er später in anderer Funktion auch noch beweisen.

Vor dem Finale in Berlin war ich relativ siegessicher und verabredete mich mit einem Werder-Sympathisanten, das Spiel bei uns im Lokal an der Theke zu schauen. Mit jetzt 17 Jahren durfte dann auch der Alkohol nicht fehlen, sodass wir uns auf Bier und Kümmerling einigten. Es ging super los, schnelle 2:0-Führung durch Beiersdorfer und Herzog.

Wir waren an der Theke richtig gut drauf, bis Papa dazwischenfunkte. »Wenn du eh hier an der Theke guckst, kannst du auch arbeiten!« Hatte ich richtig gehört? Arbeiten beim Pokalfinale? Ich half in dieser Zeit oft genug aus, aber jetzt – niemals! Wenn Werder im TV lief, war ich als arbeitende Kraft in etwa so zu gebrauchen wie ein Mann beim Schuhkauf seiner Frau. Vor allem im momentanen Alter, mit den Magenschmerzen, mit dem Aberglauben...

Heute leidet meine Arbeit handwerklich nicht unter Werder-Pleiten, allerdings meine Laune im Job ist für ein bis zwei Stunden ziemlich mies. Da sollte man mich nicht von der Seite ansprechen, sondern mich einfach nur meine Arbeit machen lassen.

Zurück zum Pokalfinale: Ich beendete den Konflikt mit Vater, indem ich meinen Kollegen alleine an der Theke zurückließ und oben in der Privatwohnung weiterschaute, ziemlich angesäuert natürlich. Kaum machte ich die Flimmerkiste an, erzielte Bangoura das 1:2 für RWE! Ich kochte vor Wut, denn nur durch Vaters Attacke war ich gezwungen, den Ort zu verlassen, an dem wir souverän 2:0 geführt hatten! Wenn jetzt was schiefginge – der Schuldige stand unten am Tresen!

Es wurde die reinste Zitterpartie, in der ein Rufer-Elfer kurz vor Ende die Entscheidung zum 3:1 herbeiführte. Ich war erleichtert, aber ich verspürte keine große Freude mehr. Der Ärger über diese blöde Atmosphäre im Haus hatte mir die Laune verdorben. Ich weiß bis heute nicht, warum Papa mich damals nicht in Ruhe gelassen hat, er wusste doch, wie wichtig mir solche Spiele waren.

Im Jahr zuvor war übrigens Ähnliches passiert: Im Meisterschaftsendspurt 1993 führte Werder 1:0 in Dortmund, was sehr wichtig war, und Papa rief mich herunter, ich solle am Tresen arbeiten. »Scheiße«, dachte ich nur, »wenn das mal gut geht.« Kaum hatte ich die ersten Biere gezapft, hatte Michael Zorc, im Fernsehen hinter meinem Rücken, innerhalb von zwei Minuten das Spiel gedreht. Das Gelächter der Gäste, speziell in meine Richtung, war nicht zu überhören. Und dann soll man auch noch höflich bleiben! Eine Scheiß-Situation, die Marco Bode kurz vor meinem Feierabend noch mit dem 2:2 ein wenig entschärfte. Wäre ich oben geblieben, hätten wir natürlich gewonnen.

Gewonnen hatten wir jetzt auch den Pokal, worüber ich mich später doch noch richtig freuen konnte, als ich die Zeitungen in der Hand hatte und die neuerliche Rathaus-Feier im TV sah. Leider wieder ohne mich, es war einfach verflixt: Jahrelang war ich zu jung, dort hinzufahren, jetzt hatte ich das richtige Alter, aber leider war ich auch so gut an der Zapfsäule, dass ich im Betrieb gebraucht wurde und wieder nicht wegkam im Mai. Aber stolz war ich schon: 1991 bis 1994 stand Werder jedes Jahr auf dem Balkon, das war die Winner-Qualität, die uns zu der Zeit auszeichnete. Stolz konnte auch Rune Bratseth sein, der sich mit zahlreichen Titeln Richtung Heimat ins norwegische Trondheim verabschiedete. Bremen trauerte dem »Elch« so manche Träne hinterher.

KAPITEL 10

Saison 1994/95: Der Kaiser und sein König

Im Sommer '94 stand so manche Veränderung an. Ich verließ nach der zehnten Klasse spontan das Gymnasium, um mich vor dem Abitur zu drücken, denn wenn Werder nicht in einem Pokalfinale stand oder gar nicht spielte, machte mir die Arbeit an der Theke viel Spaß, und dafür brauchte ich kein Abitur. Die Frage war nur, was nun? Gemeinsam mit meinen Eltern kam ich zu dem Entschluss, eine Kochlehre zu machen, die mein gastronomisches Wissen ergänzen sollte. Nur der Ort stand noch offen. Für mich kam natürlich nur Bremen in Frage, die Stadt meines Vereins. Da sie mir auch gefiel, wenn gerade kein Fußball stattfand, wollte ich da unbedingt hin; ich spürte, dass die nordische Mentalität genau das Richtige für mich war. Mit meinen 17 Jahren ließ man mich allerdings noch nicht alleine nach Bremen ziehen. Zur Überbrückung besuchte ich erst einmal eine zweijährige Höhere Handelsschule in Bocholt.

Einige Monate später zahlten sich meine guten Kontakte zu meinem ehemaligen Zahnarzt Dr. Kramer aus. Er kannte den Mannschaftszahnarzt von Werder, und der wiederum kannte den angesehenen Hotelier Fritz Rößler aus Bremen. Meine Eltern fuhren mit mir zum Weserstadion. Dort, im Feinschmecker-Restaurant Villa-Verde am Ende der Südtribüne, hatte ich meinen Vorstellungstermin. Ich war natürlich sehr nervös, das lag aber weniger an dem Herrn Rößler, sondern vielmehr an den anderen Gestalten, die da einfach so um uns herum spazierten. Ein »Hallo, wie geht's?« kam von Mirko Votava, ein »Moin-Moin« von Olli Reck, »Eine Apfelschorle bitte, Steffi!« von Andreas Herzog. Sie alle waren in der Mittagspause und saßen mit Co-Trainer Kalli Kamp zu Tisch. Es war echt schwierig, mich unter diesen Umständen auf das Vorstellungsgespräch zu konzentrieren, aber ich denke, dass ich allein durch meine Gastronomie-Erfahrung und meine Werder-Leidenschaft diesen Job schließlich bekommen habe.

Nach dem Gespräch ließ ich es mir natürlich nicht nehmen, zu den besagten »Spielertischen« zu schleichen, um ein paar Autogramme zu ergattern. Ich lache mich heute noch darüber kaputt, wie dämlich ich Andreas Herzog angesprochen habe: »Hallo, Andi, ich bin extra einen ganz weiten Weg hierher gefahren, könnte ich bitte …?«

»Wo kommst du denn her? Aus Holland?«

Ich fand die Frage gar nicht so witzig, aber der ganze Tisch amüsierte sich köstlich über Herzogs Spruch. Vielleicht war es ein Insider-Gag. Ich bedankte mich höflich für seinen Schriftzug und guckte voller Stolz zu meinen Eltern herüber, und das mit 18 Jahren…

Beim Verlassen der Villa-Verde kam uns dann auch noch Mario Basler entgegen. Schnell überlegte ich, wie ich ihn ansprechen sollte, schließlich hatte ich mir Wochen vorher von ihm bei der Eröffnung eines Sportgeschäfts im benachbarten Hamminkeln eine Werder-Tasse unterschreiben lassen. Ich wollte ihn fragen, ob es ihm dort gefallen hat. Doch als er nun vor mir stand, verschlug es mir die Stimme: »Hallo Mario…eh, hm, äh, … und? Wie spielt ihr am Samstag?«

»Ich hoffe, wir gewinnen. Steffi, hast du mal Feuer?«

Mensch, was war mir das peinlich, einfach nur raus hier. Schnell weg. Das war noch nichts für mich. Zu viele Idole auf einmal. Am nächsten Vormittag schaute ich mir noch das Werder-Training mit 20 anderen Leuten an, mit zehn Metern Abstand zu den Spielern war ich doch etwas relaxter. Aber das Wichtigste war: Ich hatte einen Ausbildungsvertrag ab Sommer '96 beim Hotel Zur Post in der Tasche, welches nebenbei auch noch die Logengastronomie im Weserstadion betrieb! Näher konnte ich meinem Verein nicht sein! Mit dem Fahrrad zum Stadion fahren, ein Traum! Unterm Meisterbalkon ein Becks zu trinken, das hörte sich richtig gut an.

Bei Werder gab es kleinere Kaderveränderungen. Im Sturm sollte Vladimir Bestchasnyk in die Rolle von Wynton Rufer eingearbeitet werden, der uns im Winter verlassen wollte. In der Abwehr musste Weltklasse-Verteidiger Bratseth ersetzt werden. Für ihn holte Otto, nein, keinen Zweitliga-Spieler, sondern, noch mutiger, einen Ägypter aus dem schweizerischen Neuchatel, Hany Ramzy! Zusammen mit dem Ex-Dortmunder Schulz bildete er eine ganz passable Abwehr. Michael Schulz war auch so ein typischer Otto-Einkauf: Der ehemalige Nationalverteidiger verfiel in den letzten Monaten in Depressionen ob seiner vielen Roten Karten, die ihm ein ganz schlimmes Image besorgten. Otto gab ihm die Chance zum Neuanfang, und »Schuuuuuuuulz«, wie ihn die Fans riefen, bedankte sich mit sehr guten Leistungen.

Wie so oft bei Werder gab es wieder das Wechselspielchen zwischen Liga und Pokal. Die Pokalwettbewerbe waren schnell für uns beendet. Im DFB-Pokal flogen wir ganz blamabel als Titelverteidiger in der ersten Runde gegen die Amateurvertretung des FC Bayern aus. Im Europapokal der Pokalsieger mussten wir zu Hause unbedingt gegen Tel Aviv gewinnen, nach dem 0:0 in Israel. An diesem Abend hatte ich das erste »Date« mit einer Schulkameradin. Die Schmetterlinge im Bauch waren stärker als die Lust auf Magenschmerzen, und ich fuhr lieber zum »Knutschen«.

Nachdem ich meine ersten Küsse hinter mir hatte, musste ich gegen 21 Uhr nach Hause, acht Kilometer mit dem Fahrrad. Bevor ich mich auf meinen Drahtesel schwang, schaute ich eben ins Fernsehen, um unseren Zwischenstand zu sehen. Wir führten 1:0. Voller Euphorie, nicht nur wegen Bodes Treffers, flitzte ich nach Hause, um rechtzeitig Baslers 2:0 zu erleben. Ein schöner Abend war das, ich hatte alles richtig gemacht.

Einige Wochen später verabschiedete sich der Europacup von Werder, und das Mädchen auch von mir. Zum Glück erwies sich Werder damals als nicht so zickig wie meine erste Liebe und spielte in der Liga grandios auf. Es kristallisierte sich ein Zweikampf zwischen Werder und dem BVB heraus. Spannend war auch der Kampf um die Torjägerkanone, in der Basler (inzwischen wurde aus Mario der »Super-

Mario«) und der Gladbacher Heiko Herrlich um den Titel stritten, um ihn am Saisonende brüderlich zu teilen. Herzog spielte ebenfalls eine herausragende Bundesligasaison, die stark an seine erste erinnerte.

In der Winterpause lagen Werder und Dortmund fast gleichauf, aber dann gab es in Bremen ein Gewitter. Zum einen gab Wynton Rufer unter Tränen seinen sofortigen Abschied nach Japan bekannt, und während des traditionellen Hallenturniers in der Berliner Deutschlandhalle passierte das Unfassbare: Otto wurde von Franz Beckenbauer, dem Bayern-Präsidenten, angebaggert! Im Gegensatz zu mir war der Kaiser im Baggern unschlagbar, denn unser König Otto sagte »Ja«! Ja zum FC Bayern, dem Nonplusultra eines bremischen Feindbildes! Das war eine Bombe, nach 14 Jahren harmonischer Ehe zwischen Otto Rehhagel und Werder Bremen.

Jetzt gab es erst mal nur Probleme. Erstens: Trainersuche. Die Werder-Führung musste erst mal im Duden nachschauen, was sich noch mal hinter diesem Begriff versteckte, da man mit so etwas seit Otto nichts mehr zu tun hatte. Zweitens: Unruhe im Umfeld. Die Fans waren schwer angefressen wegen Ottos Entscheidung, und Otto lief auf Minen. Drittens: Reaktion der Mannschaft. Wie verkraftete das bis jetzt so erfolgreiche Team diese Neuigkeit? Viele befürchteten einen sportlichen Einbruch.

Für Probleme zwei und drei gab es nur eine Lösung: sportlichen Erfolg. Und Werder ließ sich nicht unterkriegen, trotz der ganzen Nebenkriegsschauplätze, und eilte von Sieg zu Sieg, genau wie die Dortmunder. Die Lösung für Problem eins hieß relativ flott Aad de Mos, ein holländischer Star-Trainer, der schon so manchen Titel geholt hatte und für modernen Fußball stand. Aber seine Zeit sollte erst ab der nächsten Saison beginnen. Otto war ja nicht sofort weg.

Zu meinem 18. Geburtstag schenkte mir Cousin Michael eine Karte fürs Werderspiel in Gladbach. Vierter gegen Zweiter. Es war wieder so ein Spiel, wo man vorher schon ein schlechtes Gefühl hatte. Flutlichtspiel auf dem Bökelberg, 30.000 Fans, Gladbach die Mannschaft der Stunde, mit Chancen auf Platz drei und mehr, und wir mit der SV-Lethargie. Wir hatten tatsächlich wieder nicht den Hauch einer Chance gegen Dahlin und Co. und konnten uns bei Olli Reck bedanken, dass wir nur 0:2 verloren. Gott sei Dank unterlag Spitzenreiter BVB am nächsten Tag sogar 0:3 gegen Leverkusen, so hatten wir wenigstens ein Tor gut gemacht.

Gegen Ende der Saison überrannte Werder allerdings die Schwarz-Gelben im Weserstadion locker mit 3:1, um sich nun selbst die Spitze zu erobern. Diese hatte Werder auch vor dem letzten Spieltag inne, mit einem Punkt Vorsprung. Das Blöde war nur, dass Dortmund ein Heimspiel gegen die mittlerweile graue Maus, den HSV, hatte und wir ein Auswärtsspiel, bei einer Mannschaft, die gewinnen musste, um den fast sicheren UEFA-Cup-Platz perfekt zu machen. Wer das war? Richtig, der FC Bayern, Ottos zukünftiger Arbeitgeber. Verrückte Fußballwelt. Auf jeden Fall mussten wir gewinnen, denn bei Punktgleichheit hätte Dortmund dank des besseren Torverhältnisses die Nase vorn gehabt.

Gegen den HSV siegten die Schwarz-Gelben locker mit 2:0. Werder dagegen war wie gelähmt und wurde von den

Bayern vorgeführt. Spieler wie Alex Zickler wollten ihrem neuen Trainer unbedingt schon mal zeigen, was sie so drauf haben. Und das war an diesem heißen Tag einfach zu gut für uns. 1:3! Aus der Traum, Vizemeister. Otto hätte einen besseren Abschied verdient gehabt. Den Frust trank ich mir abends auf einer Scheunenparty von der Leber, wobei ich dooferweise nach einer Knutschaffäre auch noch Mutters gutes Hollandrad im Maisfeld verlor. Ein Import aus Holland war also weg, aber dafür kam ja ein neuer: Aad de Mos!

KAPITEL 11

Saison 1995/96: Schatten an der Wand

Vor der Saison platzte die nächste Bombe im Weserstadion. Unser König, der jetzt zum Kaiser von München ging, nahm auch noch seinen Herzog mit, damit in Bavaria auch alle Ämter bekleidet waren. Ja, auch Andi Herzog wechselte vom »SV Familie« zum »FC Hollywood«. Jetzt mussten wir sogar einen neuen Spielmacher verpflichten!

Bis jetzt haben Sie erfahren, dass alle neuen Spieler immer nur von Otto geholt wurden, das Management hatte von Fußball nicht viel Ahnung, was ja auch nicht weiter schlimm war, da man sich auf Ottos Händchen verlassen konnte. Auch deshalb war Werder seit dem Wiederaufstieg 1981 zur zweiten Kraft geworden hinter den reichen Bayern: Otto regelte das Sportliche, Willi Lemke und Co. regelten die Finanzen. Keiner redete den anderen hinein.

Deshalb durfte der neue Coach verständlicherweise genauso frei handeln. Für Herzog wurde Rudolfo Cardoso geholt, eine klasse Nummer 10, wie von allen bestätigt wurde. Die Fachpresse gratulierte zu diesem Herzog-Nachfolger. Für die Abwehr kam Junior Baiano, ein eleganter Brasilianer, der leider von Heimweh geplagt wurde und schon nach einem Jahr wieder verschwand. 1998 wurde er sogar Vizeweltmeister mit Brasilien! Otto Rehhagel hätte ihn damals wahrscheinlich noch zum Bleiben rumgekriegt. Schade um diesen wunderbaren Spieler.

Neben neuen Spielern kam auch noch ein neues Spielsystem. Herr de Mos wollte Werder seinen modernen Fußball einimpfen und führte die Viererkette ein, für den bis dato erfolgreichen SVW war das ein Umbruch »hoch zehn«! Aber warum nicht mal was Neues, dachte ich. Als dann aber am ersten Spieltag zu Hause gegen die No-Name-Truppe Fortuna Düsseldorf auf einmal der dritte Keeper im Kasten stand und auch noch ein Tor verschuldete, als dann Werder sich zu einem schwachen 1:1 quälte, da kam mir doch in diesem Falle einiges holländisch vor.

Werder kam einfach nicht richtig in die Pötte und spielte zu oft unentschieden, während die Konkurrenz dank der neu eingeführten Drei-Punkte-Regel davonlief. Basler war einfach nur noch Mario, das Wort »Super« konnte man sich jetzt für die Gegner aufbewahren.

Cardoso hatte sein Talent in Freiburg gelassen, sodass Herzog, der seinerseits bei den Bayern nicht zurechtkam, an allen Ecken fehlte. Einen Klasse-Pass hat der Argentinier aber zustande gekriegt und zwar im UEFA-Cup-Hinspiel in Eindhoven, als Bode das so wichtige Ausgleichstor erzielte (am Ende hieß es allerdings 1:2 gegen uns). Beim Rückspiel war ich wieder mit unserem Koch in Bremen und hoffte auf das Achtelfinale. Ein 1:0-Sieg würde ja reichen gegen Ronaldo und Co. Als keiner mehr mit dem Erlösungstor rechnete, köpfte Didi Beiersdorfer den Ball hinter die Linie! So sah es später auf dem Videoband zu Hause aus, aber leider nicht auf der Anzeigetafel. Da stand es immer noch 0:0, weil der Schiri meinte, der Ball wäre noch auf der Linie gewesen. Kein Tor. 0:0, ausgeschieden!

Es klappte in diesen Tagen nicht wirklich viel. Passenderweise flogen wir im DFB-Pokal gegen den damaligen Zweitligisten Nürnberg raus. Aber man ärgerte sich nicht mehr so sehr, denn inzwischen konnte man immer mit dem Schlimmsten rechnen, ohne dabei unbedingt falsch zu liegen.

Nach dem traurigen 0:0 gegen den PSV Eindhoven gab es aber doch noch einen kleinen Hoffnungsschimmer. In der Nacht nach dem Spiel plauderte unser Super-Trainer noch mit holländischen Journalisten und vertraute ihnen diesen hübschen Satz an: »Aus diesem Verein (er meinte uns…) wird eh nichts mehr…«

Ich vermute, dass er damals doch ziemlich unter dem großen Schatten von Otto Rehhagel litt, der immer noch über Bremen schwebte. Werder ist halt anders, da muss alles eine große, harmonische Familie sein, wo jeder weiß, was der andere tut. Da ist es schwer, Altbewährtes ad hoc über den Haufen zu schmeißen.

Nun musste der Verein zum ersten Mal seit 15 Jahren einen Trainer feuern. Nach dieser Aussage von de Mos gegen den Verein ging es nicht mehr anders.

Ein Nachfolger war in Dixie Dörner schnell gefunden. Die Dresdener Fußballlegende war mir gleich sympathischer, er schien in das beschauliche Bremen besser hineinzupassen als der moderne Holländer. Aber Dixie konnte aus einer schwachen Saison nur noch eine durchwachsene machen, und Werder wurde ziemlich blass Neunter. Einziger Höhepunkt war der 3:2-Sieg gegen die Bayern, die dadurch die Meisterschaft an Titelverteidiger BVB verloren.

Besonders schön war der Sieg, da die Bayern gerade Otto Rehhagel gefeuert hatten, obwohl er auf Platz 2 und im UEFA-Pokalfinale stand. Andi Herzog durfte wenigstens noch auf der Bayern-Bank im Bremer Weserstadion Platz nehmen und sich über viel Zuspruch von den Werder-Fans freuen. So viel Zuneigung hatte er in der ganzen Bayern-Saison noch nicht gekriegt. Das sollte sich noch auszahlen. Die Wechselgeschichten aus dem Sommer '95 hatten somit nur Verlierer gebracht: Wir waren unglücklich, Otto, Andi und die Bayern ebenfalls. Um wenigstens noch ein bisschen zu retten aus diesem Malheur, einigte Werder sich mit Herzilein auf eine sofortige Rückkehr an die Weser ab Sommer '96. So hatte ich die Hoffnung, dass meine Mission ab dem 15. August in Bremen erfolgreich werden könnte.

KAPITEL 12

Saisons 1996 - 1999: Auf Tuchfühlung mit meinem SV Werder

Nun also sollte meine Mission starten, und die hieß: Titelgewinne live miterleben und vor allem mitfeiern auf dem Bremer Rathausplatz. Meine Kochlehre im Hotel Zur Post begann, und ich zog für drei Jahre in meine Lieblingsstadt. Fast zeitgleich mit mir kam auch Andi Herzog glücklicherweise zurück nach Bremen. Ein anderer dagegen ging davon: Mario Basler. Wohin? Na klar, FC Bayern…

Privat gab es, um es mal arrogant zu sagen, auch eine »Neuverpflichtung« meinerseits. Um es weniger arrogant zu sagen, wir verpflichteten uns gegenseitig. Ich lernte Marion kennen und lieben, drei Wochen vor meinem ersten Arbeitstag in Bremen. Sie wohnte noch bei uns zu Hause in Dingden. 19 Jahre hatte ich dort erfolglos »rumgedoktert«, und kurz vor meinem Abflug laufen wir uns quasi vor der Haustür in die Arme. Ich hatte mich innerlich schon auf ein völlig »freies« Leben, in einer ersten eigenen Wohnung, in einer neuen Umgebung, bei meinem SV Werder eingestellt. So frisch verliebt, hielt sich die Vorfreude auf Bremen plötzlich in Grenzen.

Ich möchte allerdings nicht zu viel aus unserem Privatleben plaudern, denn hier soll es sich ja in erster Linie um meine Beziehung zum SV Werder drehen. Aber ich kann versichern, dass Marion und ich in dieser Zeit ein verdammt starkes Pärchen waren, das jedes Hindernis und jeden Kilometer Entfernung erfolgreich gemeistert hat und heute, knapp elf Jahre später, schon zwei Hochzeitstage feiern durfte.

Zur Wohnungssuche startete ich eine Anzeige im »Weserkurier« und fragte nach einer Wohnung »Nähe Weserstadion« (wenn schon, denn schon) oder, als zweitbeste Alternative, »Nähe Hauptbahnhof«, um den Heimatzug schnell zu Fuß erreichen zu können. Ich landete schließlich nicht am Osterdeich, sondern in der Hermann-Böse-Straße in Bremen-Schwachhausen, wo ich dann übrigens drei Jahre vergeblich im nahe gelegenen Bürgerpark auf joggende Werder-Profis wartete, die dort gelegentlich eine Laufeinheit eingelegt haben sollen. Man kann halt als Einzelner nicht sämtliche Laufrouten bewachen.

Das Besondere an diesem Haus war, dass es das einzige Gebäude auf seiner Straßenseite war, welches – natürlich – einen grün-weißen Anstrich hatte. Purer Zufall, das war der Zeitungsanzeige selbstverständlich nicht zu entnehmen. Auch wenn meine Mutter meinte, ich hätte mich davon bestimmt beeinflussen lassen.

Mein erster Arbeitstag im Ausbildungsbetrieb fing gleich vielversprechend an: Mit all den anderen Azubis wurde ich in die Räumlichkeiten des Hotels eingeführt, anschließend fuhren wir ins Weserstadion. Dort zeigte man uns die Logenkabinen der Südtribüne und die neue Business-Class der Ostkurve, die von unserem Hotel gastronomisch versorgt wurden. Auf den Bildern im Flur konnte man all die Erfolge von Werder Bremen in der jüngsten Vergangenheit noch mal Revue passieren lassen. Komischerweise fielen die in unserer Azubi-Gruppe nur mir auf. Die anderen achteten nur auf das hochmoderne gastronomische Equipment, was ja auch für die Ausbildung viel interessanter war – aber nicht für mich. Ich lernte gerade die intimsten Räume meiner Werder-Welt kennen. Schon ging das Getuschel los: »Woher kennt der denn all die Spieler?«

Das wiederum konnte ich überhaupt nicht verstehen. Ich meine, wir sind hier in Bremen, da sollte doch jeder Werderaner bekannt sein…

Das anschließende freie Wochenende ging für die endgültige Einrichtung der neuen Wohnung drauf. Leider musste ich meine ganzen Werder-Utensilien, mit denen ich mein einziges Fenster zugeschmückt hatte, auf Bitten meiner lieben Vermieterin wieder entfernen. Sie meinte, das würde »das äußere Erscheinungsbild des Hauses beeinträchtigen«. Irgendwie merkte ich immer noch nicht, dass ich in Werder-Town war…

An meinem zweiten freien Wochenende besuchte mich Marion. Wir hatten zwei traumhaft schöne Tage, die allerdings durch Werder kurz gestört wurden. Am ersten Spieltag musste die Mannschaft zum SC Freiburg. Wir verfolgten das erste Spiel meiner Bremen-Zeit auf einem verschlüsselten und daher völlig verschneiten Bild des Pay-TV-Senders in meiner kleinen Wohnung. Die übertrugen zwar ein anderes Spiel, blendeten aber in einem halbwegs erkennbaren Schriftzug die aktuellen Tore der anderen Begegnungen ein.

Mühsam konnte ich entziffern, dass Herzog mit zwei Toren das 0:2 egalisierte. Mir wäre das schon genug gewesen, aber Marion meinte, jetzt würde Werder noch gewinnen. »Sie kann noch nicht wissen, dass die Zeit der Werder-Wunder schon lange zurückliegt«, dachte ich, bevor das 3:2 der Freiburger mich bestätigte. Ziemlich mies, dieser Anfang.

Dienstag darauf besuchte mich meine Familie, und wir gingen zusammen zum ersten Heimspiel gegen Rostock (endlich mal keine drei Stunden Autofahrt für mich), wo wir uns nur zu einem 1:1 quälten. Ziemlich trist.

So, eben trist, kann man getrost auch die ersten Wochen in meinem neuen Leben bezeichnen. Neuer Job, neue Umgebung, alles, was früher in der Heimat selbstverständlich war, musste man sich nun neu erarbeiten. Einzig Marions oder meine heimatlichen Wochenendbesuche sorgten für schöne Momente, zumal Werder immer noch vor sich hinplätscherte.

Nach einiger Zeit begann ich aber richtig am Leben teilzunehmen und sah die Dinge positiver, auch wenn Marion nicht da war und Werder nicht gewann. Der »Knackpunkt« ergab sich, als ich in der Berufsschule einen Werder-Beknloppten (endlich!) namens Sven kennen lernte, der den Verein genauso l(i)ebte wie ich. Wir fuhren zusammen zum Training und holten uns Autogramme, wir besuchten die Becks-Brauerei, tranken davon an der Weser einige Proben aus der Dose, mit der Ostkurve im Hintergrund. Herrlich. Lasen in der lokalen Tagespresse jeden Schnipsel über Werder und gingen natürlich zusammen zum Spiel, wenn wir freigekriegt hatten, was als Koch ja nicht immer leicht war.

Ich hatte jetzt die volle Dosis »Werder«, vor allem durch die lokalen Medien. Zu Hause in Dingden wurde über Bremen ja nur am Rande berichtet.

Bei der Arbeit stellte ich mich nach blöden Startschwierigkeiten immer besser an. Nach einigen Wochen durfte ich sogar für 21 Tage unserem großartigen Patissier, Herrn Hauptmeier, behilflich sein, der schon eingeweiht war, dass ich hauptsächlich wegen Werder hier arbeitete. Auch wenn ich fachlich natürlich noch nicht der Hellste war, verstanden wir uns sehr gut, denn Herr Hauptmeier war genauso Werder-verrückt wie ich. Vielleicht lag es daran, dass er im Kindesalter einen »strammen Spannschuss von Willi Schröder«, Werders Fußball-Ikone vor Gründung der Bundesliga, ziemlich genau ins Gesicht bekam und daraufhin kerzengerade in Ohnmacht fiel, als er neben dem Tor stehend beim Training zusah.

Eines Tages brachte ich ein Werder-Quizbuch mit in die Patisserie. Zwischen Zucker, Mehl und Schokolade fragten wir uns gegenseitig ab. Wenn ich heute darüber nachdenke, muss ich innerlich schmunzeln. Ich, der »Antibäcker«, habe drei Wochen lang mit einem der besten Konditoren Deutschlands Tag für Tag neun Stunden zusammengearbeitet, und wissen Sie was: Ich habe davon nichts aufgezeichnet oder bewusst im Gedächtnis behalten – keine speziellen Rezepte, null, außer seiner »Willi-Schröder-Story«. Was hätten ehrgeizige junge Konditoren dafür gegeben, für ihn die Zutaten abzuwiegen. Ich hadere nicht wegen dieser verpassten Chance, denn ich hatte einfach sehr viel Spaß mit ihm und seinem Assistenten, einem HSV(!)-Fan.

Wenn ich Herrn Hauptmeier nach der Lehre gesprochen habe, ging es meist nur über Werder oder um private Dinge. Dass er ein fachliches Genie war, konnte aber selbst ich damals erkennen, spätestens als er das Weserstadion aus Schokolade nachbaute, als Geschenk an den Verein zur offiziellen Eröffnungsfeier der neuen Ostkurve. Das war der helle Wahnsinn, aber auch die pure Angst, als ich das enorm schwere Kunstwerk mit ihm zusammen zwei Etagen durch das enge Treppenhaus bis zum Kühlraum schleppen musste. Wenn man »unterwegs« erzählt bekommt, wie lange an dem Werk gearbeitet wurde, macht einen das ja auch nicht gerade ruhiger. Tatsächlich landete das Schoko-Stadion dann mit nur drei (!) Flutlichtmasten auf seinem gekühlten Landeplatz! Ich bereitete mich innerlich auf seinen großen Anpfiff vor, doch der blieb aus: »Das kriegen wir mit ein bisschen Lebensmittelkleber wieder hin!«

Lustig wurde es immer, wenn im Hotel Großveranstaltungen anstanden, für die nicht genügend Bestuhlung vor Ort war. Mit der Zeit wurde gar nicht mehr gefragt, wer sich in den alten Mitsubishi-Bus setzt und mal eben zum Weserstadion fährt, um die benötigten Stühle aus der Ostkurvenloge zum Hotel zu holen. Denn bevor einer antworten konnte, saß ich eh schon im Transporter.

In diesem Umfeld zu arbeiten, war für mich das Größte. Allein als Lehrling zum Osterdeich zu düsen, mit dem Fahrstuhl die Ostkurve hochzufahren, ausgestattet mit dem Wissen, dass mir oben bestimmt Manager Lemke oder irgendein Spieler über den Weg läuft. Aber auch wenn ich niemanden traf, war es einfach nur schön, sich während der Arbeitszeit in diesem Stadion aufzuhalten. Man läuft von der Ostkurve über den Flur zur Südtribüne, macht ein Päuschen in einer der Logenkabinen mit Blick auf den Rasen; man geht weiter zur Küche in die Villa-Verde, ein bisschen Smalltalk mit anderen Mitarbeitern im Stadionbistro »Blick«, und es ist das »Normalste auf der Welt«.

Sooft es unsere beiden Betriebe zuließen, ging ich nun mit meinem Kumpel Sven zu den Spielen. Richtig in Bremen angekommen war ich dann, als Werder in der Hinrunde den FC Bayern empfing. Ich hatte vorher noch Frühschicht bis 14.30 Uhr und radelte hechelnd zum Osterdeich. Wochen zuvor hatte ich ohne Probleme eine Stehplatzkarte für die Ostkurve inmitten des harten Fan-Kerns gekriegt. Was auf einmal alles möglich ist, wenn man vor Ort wohnt…

Zum ersten Mal stand ich mit nun 19 Jahren in der nagelneuen Ostkurve, mit Bier und gegen die Bayern! Wahnsinn! Trotz einer kleineren Panne morgens bei der Arbeit, man war ja abergläubisch, lief das Spiel wie im Traum. Ausgerechnet Herzog und Labbadia, die in München ausgemustert worden waren, schossen mit ihren Toren die Bayern samt deren megaschwachen Mario Basler mit 3:0 ab. Ich sang zum ersten Mal die »Insider-Hymnen« mit und beteiligte mich auch sonst an so manchem Quatsch, den man in einer Fankurve halt mal so treibt. Alles natürlich vollkommen gewaltfrei, aber nicht unbedingt jugendfrei! Ich schrie ziemlich schlimme Wörter gegen den Gegner und manchmal auch gegen den Schiri.

Dann kam der Abend mit dem Spiel gegen St. Pauli, als Sven, mein Leidensgenosse, mich begleitete. In der dicht gedrängten Ostkurve musste ich unbedingt mal für kleine Jungs, aber es war unmöglich, es durch die Menge noch rechtzeitig zum Klo zu schaffen. Unter uns standen zahlreiche Pauli-Fans, die sich irgendwie in die Werder-Kurve reingeschmuggelt hatten. Und mit denen hatten wir richtig viel Spaß. Die waren nicht da, um Krawall zu machen, sondern um mit uns Werder-Fans zu feiern. Dementsprechend wurde auch getrunken. Als es bei mir nun kritisch wurde, sagte einer der Pauli-Fans, ich solle doch in den Becher urinieren. Erst schaute ich ihn ungläubig an (und nahm mir vor, mich niemals in die Pauli-Kurve am Millerntor zu stellen), aber als ich dann Vor- und Nachteile »analysiert« hatte, pullerte ich in meinen leeren Becher. Das tat richtig gut. Bis ich bemerkte, dass ich mein Bedürfnis unterschätzt hatte. Der Becher füllte sich, aber meine Erleichterung bzw. das »Strahl-Ende« ließ immer noch auf sich warten. Ich gab Sven den Tipp, er solle sein Bier mal etwas schneller trinken, sonst hätten wir hier gleich ein Problem. Er »exte« sein Becks und gab mir flink auch seinen leeren Behälter. Ich kam mir jetzt vor, wie an der Theke zu Hause, wo ich ähnlich mit den Gläsern jonglieren musste am laufenden Zapfhahn. Diese Berufserfahrung zahlte sich jetzt Gott sei Dank aus, und da stand ich nun in der ausverkauften Ostkurve, erleichtert, aber mit zwei Bechern Urin in den Händen.

Weniger stolz bin ich heute auf die anschließende Aktion, bei der ich beide »Biere« volltrunken in die unteren Ränge warf. Ich brauchte die Hände ja wieder zum Klatschen. Anonymität in der Menge zahlt sich doch manchmal aus…

Werder gewann mit Ach und Krach 2:1, soweit ich mich

erinnern kann, und irgendwelche Beschwerden über die Stadiongetränke aus den unteren Reihen sind mir auch nicht bekannt geworden. Aber wie gesagt: Kein Grund, stolz darauf zu sein.

Mein erstes Bremen-Jahr beendeten die Werderaner auf einem mittlerweile bekannten grauen Mittelfeldplatz. Negativer Höhepunkt war eine 0:4-Heimniederlage gegen Dortmund. Ich hatte extra meinen alten Freund Gunnar, den BVB-Fan, eingeladen. Er durfte einen ganz seltenen Auswärtssieg der Schwarz-Gelben in Bremen live miterleben. Das war natürlich alles andere als geplant. Blöderweise riss ich nach dem Spiel ein paar Meter vor meiner Haustür voll guten Willens ein altes Konzertplakat vom Stromkasten ab (ich wollte verhindern, dass Leute zu einem Konzert gehen, das schon längst stattgefunden hat...), während Gunni sturztrunken an einem Verkehrsschild herumkletterte, das er noch nicht in seinem Keller hatte. Das brachte mich zum ersten Mal mit den anderen Grün-Weißen in Kontakt. Ich entschuldigte mich bei den Polizisten und sagte, ich wohne hier direkt, wir würden jetzt ganz artig zu Bett gehen, während mein Freund im Hintergrund endlich oben am Schild angekommen war. Seine Begeisterungsrufe versuchte ich zu ignorieren und hoffte innigst, dass Gunni von da oben endlich die Polizisten bemerkt und seine Klappe hält.

»Ach, Sie wohnen hier. Zeigen Sie mal ihren Ausweis! – Hmm, da steht ja gar nichts vom Wohnsitz Bremen, sind Sie denn hier gemeldet!?«

Oh, das hatte ich im Umzugs- und Werderstress ganz vergessen. Das wurde teuer...

In die Saison 1997/98 starteten wir genauso schwach wie immer seit Ottos Abgang. Diesmal musste Dixie Dörner gehen. Mir tat es um den lieben Menschen leid, aber wirklich voran hatte er uns auch nicht gebracht. Über seinen Nachfolger Wolfgang Sidka dachte ich, dass er eine gute Lösung sei. Er war jahrelang Spieler in Bremen gewesen und geprägt von Otto Rehhagels Schule in den achtziger Jahren. Er kannte die Atmosphäre in der Stadt und im Verein. Das passte. Leider nicht lange, obwohl Wolle uns fast noch in den UEFA-Cup geführt hätte, den wir erst am letzten Spieltag verpassten.

Mein persönlicher negativer Höhepunkt war das Auswärtsspiel in Wolfsburg, wo wir mit ein paar Berufsschülern hinfuhren. Wir Bremer Fans waren richtig hochnäsig und pöbelten am kleinen VfL-Stadion herum und machten uns über alles lustig. In der 89. Minute bestrafte uns Roy Präger mit dem einzigen Tor, verdientermaßen fuhren wir enttäuscht mit einer 0:1-Niederlage im Gepäck nach Hause. Einziger Höhepunkt war, dass ich es schaffte, zwei Nullfünfer Becks im Unterhosenversteck durch die Personenkontrolle zu schmuggeln.

Der im Nachhinein wichtigste Moment in dieser Saison spielte sich bei uns im Hotel ab. Ich wollte gerade Feierabend machen, da fragte man mich, ob ich nicht bleiben könne, da unten aus der Restaurantküche gerade ein Koch zum Arzt geschickt wurde und der andere ganz alleine wäre. Ich sagte direkt zu und rannte hinunter zu Matthias, der frisch ausgelernt und gerade bei uns als Geselle angefangen hatte. Er war jetzt in einer neuen Küche, mit einer neuen Karte und ab jetzt mit einem neuen Lehrling.

»Moin, ich bin Matze.«

»Moin, ich bin Jan.«

Für mehr war keine Zeit, denn die Bon-Leiste hing schon voll mit Essensbestellungen. Er befahl, und ich rannte und machte, so schnell ich konnte in unseren sechs Quadratmetern. Heute würde ich sagen, wir kämpften uns da mehr durch, als dass wir kochten. Am Ende hatten wir die Schlacht ohne eine einzige Reklamation geschlagen. Ein, mit Verlaub, geiles Gefühl!

Danach gingen wir unser Siegerbier trinken und stellten fest, dass wir so manche Eigenschaft und vor allem so manches Fußballerlebnis gemeinsam hatten. Matze war, genau wie mein alter Schulfreund Gunnar, BVB-Fan. Um es kurz zu machen, Matze wechselte einige Zeit später nach Borkum, fand dort aber einen eigenartigen Küchenchef vor und fing wenige Tage später wieder bei uns in Bremen an. Da er aber seine Bremer Wohnung schon gekündigt hatte, wohnten wir für einige Monate zusammen in meinen 30 Quadratmetern. Dieses Band verbindet uns bis heute, und Matze wurde mein Trauzeuge. Allein deswegen hatte sich Bremen schon gelohnt.

Das merkt man mit den Jahren immer mehr. Wenn wir zu Hause im Familienbetrieb eine Aushilfe brauchten, war Matze meistens zur Stelle. Wenn Matze nicht wusste wohin, war meine Tür immer offen. Es spielt auch keine Rolle, ob man am Ende immer »quitt« ist. Aber die Erlebnisse von Matze und mir seit Oktober 1997 hätten eigentlich ein eigenes Buch verdient.

Auch 1998 starteten wir grottenschlecht. Da fällt mir vor allem das Auswärtsspiel in Bochum ein, am 8. September: Zum ersten Mal fuhr ich mit einem Fanbus vom Bremer Hauptbahnhof zu einem Auswärtsspiel. Und dann auch noch drei Stunden nach Bochum, also fast bis nach Hause, ohne auch nur Guten Tag zu sagen. Ein komisches Gefühl. Früher fuhr ich immer die drei Stunden nach Bremen…

Die Busfahrt war lustiger als das Spiel: Kaum im Gästeblock angekommen, lagen wir 0:1 hinten! Unter uns Werder-Fans riefen einige lauthals: »Absteiger, Absteiger!«; tiefer ging es nun wirklich nicht mehr. Mit einem 0:2 fuhren wir wieder Richtung Bremen. Ich wäre so gerne die paar Kilometer weiter zu Marion gedüst…

Nach Bremen zurückgekehrt, hörte ich auf meinem Anrufbeantworter: »Hallo Jan, hier ist Papa. Ich wollt nur sagen, du bist gerade Onkel geworden: Evi hat einen Sohn gekriegt! Bis später!«

Na super, da fahr ich drei Stunden Richtung Heimat, und statt meines neuen Neffen hab ich so einen Gurkenkick gesehen.

Werder kam einfach nicht zurecht, und Wolfgang Sidka wurde durch Felix Magath ersetzt, im Herbst '98. Während meiner bisherigen Zeit in Bremen hatte ich jetzt mehr neue Trainer und auch Spieler gesehen als in den zehn Jahren zuvor zusammen. Die einzigen Konstanten, die weiterhin für eine innige Identifikation sorgten, waren die Leute in der Geschäftsführung, waren die Fans, war die Stadt mit ihrem sympathischen Bürgermeister Henning Scherf, der immer nett vom Fahrrad grüßte, waren das Stadion und eine Handvoll Spieler, namentlich Eilts, Rost, Herzog, Bode und Frings. Alle anderen waren noch nicht lang genug da oder einfach nur zu schlecht.

Felix Magath trainierte uns gegen Saisonende so richtig in Richtung Tabellenkeller. Komischerweise führte er uns trotz aller Querelen ins Pokal-Halbfinale nach Wolfsburg. Mit der Roy-Präger-Erinnerung fuhr ich mit gedämpftem Optimismus im Sonderzug zum zweiten Mal nach Wolfsburg. Betrunken kam ich schon ins Stadion und kriegte nur das Wichtigste vom Spiel mit, da wir auch noch einen schlechten Stehplatz hatten. Während des Spiels verschwanden zwei Bekannte: der eine mit Alkoholvergiftung eingeliefert, der andere festgenommen wegen Verwendung von Chinaböllern und Leuchtraketen.

Sven und ich standen Gott sei Dank weit genug entfernt (für so etwas waren wir zu schüchtern) und freuten uns über Bodes 1:0. Aber Werder wackelte ohne Ende, und kurz vor Abpfiff bekamen die Wölfe auch noch einen Elfmeter. Oh nein, bitte nicht! Seit vier Jahren krebsen wir nun im Mittelmaß und Abstiegskampf herum, lieber Gott, lass uns wenigstens das Pokalfinale '99! Im dichten Nebel erkenne ich, wie Dammeier sich die Kugel hinlegt. Ein guter Linksfuß. Frank Rost, unser mittlerweile guter Torhüter, steht auf der Linie. Der Schiri gibt frei, und ich schau weg, konnte ja eh nicht viel erkennen. Ein Schuss, ein dumpfer Knall – und gehalten. Riesenjubel in unserem Gästeblock. Frank Rost hält den Elfer und Werder das Finale. Eine Befreiung!

Die Rückfahrt und die Ankunft im Bremer Hauptbahnhof waren einfach genial, von so etwas hatte ich immer geträumt. Endlich mal in einer Gemeinschaft große Werder-Siege feiern und nicht allein zu Hause unter Schalkern!

Den Mittwoch darauf kochte ich in der Berufsschule bei einem Wettbewerb mit, der auf die Prüfung vorbereiten sollte. Inzwischen wusste ja jeder, der im Hotel oder in der Schule mit mir zu tun hatte, dass ich hauptsächlich wegen Werder von zu Hause ins 265 Kilometer entfernte Bremen gezogen war. Bei der Siegerehrung, bei der ich einen guten vierten Platz erhielt, wurde ich von dem Moderator folgendermaßen angekündigt: »Wir sind froh, dass Werder heute Abend kein Pokalspiel hat, denn dann wären er und sein Menü heute Abend wahrscheinlich nicht hier gewesen: Herzlichen Glückwunsch, Jan Küpper.« Ich bekam mehr Applaus als der Sieger dieses lobenswerten Wettbewerbs. Man merkte doch, dass man in Bremen war, und ich freute mich über diese Moderation mehr als über den vierten Platz.

Wochen später kam es zu einem wichtigen Abstiegsendspiel. Ich bekam frei und zitterte in der Ostkurve, als Werder als Tabellenfünfzehnter gegen Eintracht Frankfurt spielte, Platz 17 in der Tabelle. Die Hessen waren einen Punkt hinter uns, aber wir hatten noch ein Nachholspiel zu Hause gegen Schalke in der Hinterhand. Wenn wir verlieren würden, hätte die Eintracht uns erst mal überholt. Es war ein Trauerspiel, wir verloren tatsächlich mit 1:2 und waren fix und fertig. Zum ersten Mal habe ich im Stadion richtig geheult. Dieses Weinen unterscheidet sich gewaltig von einem Weinen, das einen beispielsweise bei einer verpassten Meisterschaft überkommt. Es ist viel, viel schlimmer, da auf einmal die Fundamente deines Klubs angegriffen werden und nicht deine sicher geglaubte Meisterschale. Es war einfach nur schrecklich, und Felix Magath durfte endlich gehen!

In meinen drei Jahren Bremen kam jetzt Trainer Nummer vier, der noch das Heimspiel gegen Schalke und ein Auswärtsspiel bei 1860 unbedingt gewinnen musste, um überhaupt noch atmen zu können. Es wurde die schnelle Lösung bevorzugt. Thomas Schaaf, auch ein alter Otto-Schüler und erfolgreicher Coach der Werder-Amateure, sollte die Verantwortung für die letzten Spiele übernehmen. Bei ihm hatte ich genauso ein gutes Gefühl wie bei Sidka zu Anfang. Thomas Schaaf war seit über 25 Jahren im Verein, der müsste doch jetzt wissen, was zu tun war.

Drei Tage nach der Heimniederlage gegen Frankfurt hatten wir unser Nachhol-Heimspiel gegen Schalke 04. Unsere allerletzte Chance! Die »Knappen« wohnten in unserem Hotel, und ich musste sie versorgen. Mein Küchenchef meinte, ich könne mich am besten um die sportlichen Gäste kümmern. Ich war also dafür verantwortlich, dass die Frühstücks- und Mittagsbuffets, die in meine Schicht fielen, immer in einem Top-Zustand waren. Ich fragte Olaf Thon und Marc Wilmots, ob alles in Ordnung sei, starrte wie alle anderen Hotelmitarbeiter Assauers junger Blondine hinterher und quatschte mit Olli Reck, dem Bremer im Schalker Tor, über alte Zeiten und das heutige Spiel. Außerdem kam ich mit einer Schürze zu Rudi Assauer und erklärte ihm, ich käme aus der Nähe von Wesel und hätte gerne diese Kochschürze für meinen Schwager mit all den Namen unterschrieben.

»Wesel?! Dafür ist der Charly Neumann zuständig!«

Also gab ich dem Schalker Mannschaftsbetreuer das Ding in die Hand, und er legte die Schürze neben das Buffet, so dass jeder Spieler automatisch dran vorbeimusste und dann unterschrieb. Nur Assauer ging achtlos dran vorbei, worauf Charly schimpfte: »Rudi, die Schürze! Autogramm!«

Assauer, natürlich lässig mit Zigarre, war wahrscheinlich in Gedanken schon auf dem Zimmer mit seinem Barbiepüppchen und stammelte nur: »Ah so, die Schürze…«

Charly Neumann erzählte mir dann, dass er auch nicht möchte, dass Werder absteigt, und verwies auf das historisch gute Verhältnis zwischen beiden Teams, und dass Werder Bremen einfach in die Liga gehört und man das heute Abend schon irgendwie hinkriegen werde, wenn Werder gut spiele. Natürlich werde Schalke nicht das Spiel einfach so herschenken, aber zerreißen würden sie sich wohl nicht… Das klang doch ganz sympathisch. Er bedankte sich bei mir für den Service und verschwand hinter den Spielern.

Abends war ich zusätzlich noch als Koch in der VIP-Loge der Ostkurve eingestellt, um mitzuhelfen, die vielen hundert Gäste während des Spiels kulinarisch gut zu versorgen. Ich war also mittendrin, was natürlich schön war, aber als der Anpfiff kam, ging es mir mit meinen gedämpften Lachsfilets in der Hand nicht sonderlich gut. Ich schaute ständig aufs Spielfeld, übersah so manchen Gegenverkehr in der Loge, sprach hibbelig mit Magenschmerzen zu den Gästen, ich war wie im falschen Spiel. Loge gut und schön, aber bitte nie wieder bei einem entscheidenden Werder-Spiel, dann doch lieber bei Konzerten der Rolling Stones.

Bei allen Erfolgen kann ich heute sagen, dass dieses Spiel mit Abstand das wichtigste für Werder Bremen war, zumindest seit ich denken kann. Und das merkte man damals. Es ging ein Ruck durch die Stadt, in der alle spürten, dass jetzt jeder auf seine Art und Weise 100 Prozent für Werder geben musste. Die Stimmung im Stadion war noch besser als bei den diversen Werder-Wundern! Wahrscheinlich ist der Angstschrei einfach lauter als der Begeisterungsschrei. Beim Stande von, sagen wir, 5:0 für Werder kann eine Kehle in der riesigen Stadioneuphorie auch mal »heimlich« stumm bleiben, ohne ein schlechtes Gewissen zu haben, denn es läuft bei der Mannschaft ja blendend. In einer so schlimmen Situation wie während des Schalke-Spiels aber will keiner der Buhmann und Schuldige sein, dessen fehlende Unterstützung die Niederlage eingeleitet hat …

Also 90 Minuten Volldampf von den Rängen. Aber Werder spielte wieder mal nicht gut, und Schalke bekam Konterchancen en masse. Dennoch: Werder war heute irgendwie anders. Irgendwie war Werder heute wieder Werder! Man merkte der Mannschaft trotz aller Defizite an, dass sie ackerte ohne Ende. Der Einsatz der Mannschaft und der Fans verschmolz zu einer selten erlebten Einheit, das spürte man sogar bis in den VIP-Bereich, wo einige Fenster zum Spielfeld hin geöffnet waren.

Dieses schöne Gefühl konnte aber die akute Abstiegsangst zumindest bei mir nicht ausschalten. Ich weiß gar nicht, wie oft ein Schalker vor unserem Torwart stand (da ich ja manchmal auch aufs VIP-Buffet schauen musste), um die Kugel dann doch nicht reinzumachen. Dieses Unvermögen der Blau-Weißen und mittlerweile auch Charly Neumanns Worte beim Mittags-Buffet ließen mich allmählich ruhiger werden. Was jetzt fehlte, war ein Werder-Tor. Und das schien ab jetzt das größere Problem zu werden, da spielerisch gar nichts ging. Aber es musste her, ohne Wenn und Aber.

Und plötzlich segelte wieder eine dieser zahllosen, harmlosen Flanken vor das Schalker Tor. Wieder war sie viel zu weit und flog übers Zentrum hinaus Richtung zweiten Pfosten. Aber dieses Mal hatte sich der Flankengeber anscheinend etwas dabei gedacht, denn auf einmal kam ein junger Spieler aus der Werder-Reserve angerauscht, Christoph Dabrowski! Olli Reck, der Ex-Werder-Keeper, unterlief die scharfe Flanke, und Dabrowski nickte den Ball ins kurze Eck! 1:0. Genau so ein Treffer und nichts anderes wäre heute möglich gewesen. Und da war er!

Um das Stadion musste man sich jetzt Sorgen machen, so laut war es. Werder schaukelte das Spiel irgendwie über die Runden und holte die drei wichtigen Punkte. Nach dem Spiel heulte ich vor Freude, und auch diese Tränen sind schöner als Meisterschaftstränen! Ich zerdrückte sie in der letzten Ecke der Stadionküche. Anschließend meldete ich mich bei einem Kollegen ab, da ich am nächsten Tag früh raus musste. Ich nutzte meine »Connections« und spurtete in die Fankurve, um Werder, um Uns Bremen, um Thomas Schaaf, den Neu-Trainer, abzufeiern. Danach fühlte ich mich richtig erleichtert und konnte zufrieden schlafen gehen.

Aber mindestens einen Sieg brauchten wir noch. Der folgte in souveräner Manier und sogar mit spielerischen

Akzenten mit einem 3:1 bei 1860 München. Riesenerleichterung machte sich breit, denn jetzt musste schon einiges schief gehen, um doch noch abzusteigen. Im darauf folgenden Heimspiel gegen die bereits abgestiegenen Gladbacher herrschte Volksfeststimmung. Werder zerlegte die Fohlenelf mit 4:1, was am Ende aber fast zweitrangig war. Beim Stande von 3:0 erzielten die Borussen ihr Ehrentor, und 32.000 Werder-Fans skandierten: »Mönchengladbach!« Man trauerte mit der Traditionself vom Niederrhein, die nun nach 35 Jahren die Bundesliga verlassen musste, und hatte dabei wohl im Hinterkopf, dass das gleiche Schicksal auch uns hätte treffen können. Trotz des bereits feststehenden Abstieges begleiteten 4.000 Fans Netzers Erben an die Weser. Und die sangen am Ende im Wechselgesang mit unseren Gladbach-Rufen »Werder Bremen!« zurück. Das war Gänsehaut pur!

Nach dem 4:1 waren wir gesichert, woran auch das 0:1 in Stuttgart am letzten Spieltag nichts änderte. Den Morgen nach dem Gladbach-Sieg hatte ich Frühschicht und sorgte den ganzen Tag dafür, dass im Recorder des Küchenradios nur Werder-Lieder liefen. Kurz vor Ausbildungsende und nach solch einem Spiel konnte man sich ruhig mal erlauben, das Musik-Programm zu bestimmen.

Nach dem Klassenerhalt im Juni ’99 standen noch zwei wichtige Dinge an: meine Kochprüfung und – ja, das hatte man doch glatt vergessen – das DFB-Pokalfinale gegen den Deutschen Meister, Bayern München!

Am 12. Juni, zwei Tage vor meiner theoretischen Prüfung, stand das Endspiel statt. Werder war natürlich Außenseiter, genauso wie damals Lautern und der BVB gegen uns. Obwohl die Bayern frisch angeknockt waren durch zwei Last-Minute-Gegentore im Champions-League-Finale gegen Manchester United, galten sie als der große Favorit, so wie wir es früher immer in Berlin gewesen waren.

Wir schauten mit mehren Berufsschulkollegen, die wie ich alle vor der Prüfung standen, bei Sven das Spiel im Fernsehen. Die Stimmung war schön, denn man hatte nichts zu verlieren, man war froh, noch in der Liga zu sein, und durch die Finalteilnahme hatte Werder schon einen UEFA-Cup-Platz sicher. Meinem Magen ging es überraschend gut, bis Juri Maximov nach vier Minuten, nach schöner Vorarbeit von Schalke-Bezwinger Dabrowski, das 1:0 erzielte! Wow, wir führten. Jetzt bekam ich wieder die Angst, einen Pokal zu verlieren. Man konnte eben nie in Ruhe Fußball schauen.

Als dann das hochverdiente 1:1 durch Jancker fiel, war der Ballast wieder weg, und man erwartete, wie schon vor dem Spiel, einfach gar nichts mehr. Ich schmunzelte mittlerweile über die vielen Chancen, die Effe und Co. versemmelten. Mit 1:1 ging es in die Verlängerung, warum nicht, Becks hatten wir genug.

Fünf Minuten vor Schluss flog der Ex-Bremer Mario Basler vom Platz. Die Chance, in Überzahl das Elfmeterschießen zu erreichen, war nun sehr groß. Und tatsächlich, beim Stande von 1:1 war Schluss! Wir flippten aus, wer weiß, was jetzt passieren konnte, den Bayern saß ja noch das Negativerlebnis vom Mittwoch gegen Manchester im Gemüt.

Bei uns verschoss Jens Todt und bei den Bayern ausgerechnet Stefan Effenberg, der den Ball in die Spree donnerte. Alle anderen Schützen verwandelten, sodass es bald 5:5 stand. Bei den Bayern lief jetzt Lothar Matthäus an. Sein Schuss war platziert, aber Frank Rost ahnte die Ecke und brachte Werder in Vorteil. Der nächste Bremer müsste verwandeln – und auf einmal wäre der Pott in Bremen! Aber wer sollte schießen?

Wie selbstverständlich nimmt sich auf einmal Torwart Frank Rost selbst die Kugel: kurzer Anlauf, Schuss ins Eck, Bayernkeeper Kahn springt ins andere, Tor!

Pokalsieger '99 SV Werder Bremen, wir drehten durch, rannten auf die Straße, hüpften wild in der Straßenbahn und fuhren wie von Sinnen Richtung Marktplatz, wo schon tausende Werder Fans warteten. Ich kletterte auf den Roland, das Bremer Wahrzeichen mitten vor dem Rathausbalkon, und schwenkte meinen Werder-Schal. Dass sich bei dieser Aktion die Zaunspitzen, die den Roland umgaben und mir als Halt dienten, durch meinen Schuh bis in meinen Fuß bohrten, merkte ich erst, als ich wieder unten war. Alles war egal, jetzt zählte nur Werder!

Als ich da oben auf dem Roland stand, wanderte mir so einiges durch den Kopf. Drei Jahre Bremen gingen langsam zu Ende. Drei Jahre zwischen Mittelmaß und Abstiegskampf. Und trotzdem hat der Fußballgott es im letzten Moment noch hinbekommen, dass ich am morgigen Sonntag auf diesem Marktplatz einer Werder-Mannschaft zujubeln durfte – mein alter Traum. Und das einen Tag vor der Prüfung!

Nachdem wir die Nacht durchgezecht hatten, beschlossen Sven und ich, mit einer kontrollierten Offensive an die Pokalfeier ranzugehen, da wir ja die Prüfung vor uns hatten. Wir stellten uns ein Taschenbuch zusammen (das hab ich heute noch), in dem wir die wichtigsten Fachfragen und Antworten zusammengefasst hatten. So konnten wir uns in der langen Wartezeit, bis die Mannschaft endlich auf dem Balkon erschien, gegenseitig abfragen (Welche Zubereitungsmöglichkeiten liefert das Kalbsfleisch…?), ohne dabei das Trinken zu vergessen.

Als die Mannschaft da oben den Pokal präsentierte, tanzte natürlich der Bär. Um aber in der ganzen Euphorie mein treues Schätzchen zu Hause nicht zu vergessen, hatte ich ein Plakat angefertigt: »Marion, ich liebe Dich«. Und auf der Rückseite stand: »Glückwunsch Bayern, zum Vize-Double«.

Die Koch-Prüfung bestand ich mit »gut«, sodass am Ende meiner Bremen-Zeit alles okay war. Ich war glücklich über das Erlebte, aber freute mich jetzt auch wieder auf Marion und zu Hause. Ich werde meinen Eltern auf ewig dankbar sein, dass sie mir diese Zeit ermöglicht haben.

Bevor es endgültig wieder Richtung Heimat ging, standen noch die Abschlussfeiern an. Die Abschiedsparty vom Hotel Zur Post fand passenderweise im Ostkurvensaal des Weserstadions statt. Dieser Raum wurde sonst als Treffpunkt der Werder-Fans benutzt, und heute feierten wir dort Abschied voneinander. Gegen Ende der Fete schlenderte ich in Gedanken durch die Räumlichkeiten, und von einem

Moment auf den anderen stand ich, wie von Geisterhand geführt, allein auf dem heiligen Rasen des Weserstadions! Eine passende Gelegenheit, die letzten drei Jahre noch mal im Kopf durchzuleben und mich innerlich bei Werder und Bremen für die schöne Zeit zu bedanken. Ich werde immer gerne wiederkommen.

KAPITEL 13

Saison 1999/2000: Klar Schiff!

Im Sommer '99 war ich also wieder zu Hause. Es war schön, endlich für längere Zeit mit Marion zusammenzuwohnen. Genau gesagt, sieben Tage in der Woche. In unserem Lokal arbeitete ich jetzt als Koch, setzte das Gelernte um und versuchte, mich weiter zu verbessern, was mir anscheinend gut gelungen ist. Zumindest habe ich bis heute noch nicht gehört, dass sich unsere gut laufende Küche, in der ich jetzt die Verantwortung trage, seit meiner Rückkehr verschlechtert hätte.

Da es jetzt mit gelegentlichen freien Wochenenden wirklich vorbei war, achtete ich natürlich als Erstes darauf, dass ein gescheiter Fernseher in unserer Küche stand, um ja nichts zu verpassen. Weil unser Restaurant samstags zwischen 14 und 17.30 Uhr geschlossen ist, habe ich meistens die Gelegenheit, ungestört die Bundesliga zu verfolgen. Meine freien Tage sind in der Regel Dienstagabend und Mittwoch, auch keine verkehrten Zeiten für einen »Fußballjunkie«...

In der Sommerpause wurde aber erst mal bei Werder richtig aufgeräumt. Angesichts der vielen Trainer- und Spielerwechsel war es ziemlich rummelig geworden am Osterdeich. Deshalb zog Manager Willi Lemke männerhaft die

Konsequenzen und verabschiedete sich als neuer Bildungssenator in die Bremer Politik. Sein Abschied wog schwer, da doch Werders ruhmreichste Vergangenheit eindeutig auch sein Verdienst war. Willi wäre am besten mit Otto Rehhagel zusammen abgetreten, dann hätte er einen ehrenhafteren Abschied gehabt. Aber Werder wird ihm auch so immer verbunden sein.

Lemkes Nachfolger wurde ein alter Bekannter: Klaus Allofs! Unser Titelhamster der frühen neunziger Jahre. Er sollte in der Umstrukturierung des Sport-Vereins Werder Bremen in eine GmbH und Co KG auf Aktien der Hauptverantwortliche im Bereich Profifußball werden. Zusammen mit Trainer Schaaf war er ab jetzt für den Spielerkader zuständig. Thomas Schaaf bekam nach seinem einzigartigen Einstand mit Klassenerhalt und Pokalsieg natürlich weiter das Vertrauen. An der Spitze des Vereins stand nun der Bankier Jürgen L. Born, der nach jahrelangem Südamerika-Aufenthalt an die Weser zurückkehrte und das peruanische Sturmtalent Claudio Pizarro sowie den brasilianischen Alt-Star Julio Cesar gleich mitbrachte. In Deutschland angelten sich Allofs und Schaaf das umworbene Abwehrtalent Frank Baumann.

Im Gegensatz zu den letzten Jahren sollten alle neuen Spieler bombastisch einschlagen. Julio Cesar, der seine Karriere eigentlich schon beendet hatte, gab nicht nur dem jungen Baumann Tipps, er hatte noch einen viel wichtigeren Job, wie man mit der Zeit erfuhr. Seit ungefähr einem Jahr hatte Werder einen fünf Millionen Mark teuren brasilianischen Stürmer auf der Tribüne sitzen, AILTON. Sidka holte ihn noch, bevor er selbst entlassen wurde, und sein Nachfolger Magath wollte den etwas untrainiert wirkenden Brasilianer nicht, da er im Abstiegskampf lieber auf deutschsprachige Kämpfernaturen setzte. Cesar sorgte dafür, dass sein Landsmann Ailton endlich auftaute und Schaaf ihn ohne Bedenken bringen konnte, als Bogdanovic verletzt ausfiel. Ab September '99 sangen die Bremer nicht mehr »Volare« sondern »Ailton, oh, oh!« Toni, wie er liebevoll gerufen wurde, bildete mit Pizarro ein Sturmduo, das zusammen mit Marco Bode und Andi Herzog wieder Fußball zum Anschauen zelebrierte.

Höhepunkt in der Liga war ein 7:2 in Wolfsburg. Nach den verkorksten Jahren reichte es zwar nicht direkt für ganz oben, aber wir hatten wieder System im Club und keine Abstiegsangst. Und im UEFA-Cup sollten wir sechs Jahre nach Anderlecht auch wieder für Furore sorgen, vom DFB-Pokal ganz zu schweigen... Ende '99 konnte man so langsam eine Entwicklung erahnen, die nichts mehr mit Abstiegsangst zu tun hatte, sondern eher an gute alte Zeiten erinnerte.

Ab Oktober dieses Jahres sahen dann meine freien Tage, dienstags und mittwochs, folgendermaßen aus: Ich hatte die Wahl, 150 Kilometer ins schöne Aachen zu fahren, wo inzwischen meine heutige Frau studierte, um unsere Wochenendbeziehung zu pflegen. Oder 250 Kilometer nach Bremen zu düsen, um endlich wieder guten Werder-Fußball zu sehen. Und ich konnte sicher sein, egal, wie ich mich entschied, immer das Richtige zu machen. Beide Touren waren immer sehr schön.

An einem Dienstag im Oktober setzte ich mich in meinen neuen Peugeot in Richtung Bremen, um Werder gegen Lautern zu schauen. Nach einem packenden Pokalfight, den wir nach Elfmeterschießen gewannen, pennte ich bei einem ehemaligen Arbeitskollegen in Bremen, setzte mich morgens wieder ins Auto und fuhr von Bremen nach Aachen durch, wo ich pünktlich in Marions erste Vorlesung reinfiel, ohne vorher vergessen zu haben, bei einer schwedischen Möbelhausfiliale in Düsseldorf ihren Wunsch-Tisch abzuholen, den sie für ihre neue Wohnung brauchte. Als ich am Donnerstagmorgen von Aachen wieder nach Hause zur Arbeit fuhr, fühlte ich mich richtig gut. So sah für mich das perfekte Wochenende aus: Fußball in Bremen, Spiel gewonnen, neues Auto eingefahren, den richtigen Tisch bekommen, auf fünf Minuten genau die Strecke von Bremen nach Aachen eingeschätzt und mit Marion einen schönen Abend verbracht – perfekt! Ich war stolz, wie ich das alles unter einen Hut gekriegt hatte. Ach ja, Zeit genug, um mir den Aachener Tivoli anzuschauen, hatte ich natürlich auch noch gehabt.

Im UEFA-Cup wartete im »Sechzehntelfinale« Olympique Lyon. Ein namhafter Gegner, auf so ein Spiel hatte man lange gewartet. Ich natürlich auch, und so bestellte ich für ein paar Kollegen und mich einige Karten. Kaum waren die Tickets da, verloren wir das Hinspiel in Frankreich mit 0:3. Tolle Aussichten! Einige schmunzelten nur, als sie Wind davon bekamen, dass ich Karten fürs Rückspiel hatte. »500 Kilometer Autofahren, für so ein bedeutungsloses Spiel… selber schuld!«

Wir fuhren natürlich trotzdem. Im Stadion angekommen, der nächste Schock: Im weiten Rund des Weserstadions verloren sich lediglich 10.000 Zuschauer! Selbst in Bremen glaubte keiner mehr an ein neuerliches Wunder. Nun ja, die waren ja auch schon einige Jährchen her.

Als der Schiri anpfiff, passierte aber was Eigenartiges: Von einem Moment auf den anderen ging ein Ruck durch die 10.000 Zuschauer. Sie peitschten Werder lautstark nach vorne, und die Grün-Weißen gaben Gas. Ein schnelles 1:0 von Marco Bode und ein Herzog-Elfer vor der Pause sorgten für eine wichtige 2:0-Halbzeitführung, Werder war dran! Das Stadion flippte aus, alle 10.000. In der zweiten Hälfte legte der junge Frank Baumann das 3:0 nach. Als Pizarro das 4:0 erzielte, brachen alle Dämme. Da Werder diesen Hinspiel-Rückstand schon nach 70 Minuten in eine Führung umgewandelt hatte, wurde nun gezittert, was das Zeug hielt. Ein Tor für Lyon, und wir waren raus. Aber Keeper Rost, Julio Cesar und Frank Baumann hielten hinten den Laden dicht, und Werder schaffte das erneute Wunder! Wahnsinn. Jetzt funktionierte wirklich wieder alles! Im Mai waren wir fast abgestiegen, und jetzt etablierten wir uns in der Bundesliga wieder im oberen Bereich, und »wundern« konnten wir (uns) auch schon wieder.

Ich grübele heute noch, ob es an mir lag, dass es zwischen Sommer '96 und '99 bei Werder so furchtbar haperte. Weil ich nach Bremen gezogen war. Mittlerweile glaube ich, dass der »Fußballgott« es so wollte. Ich bin in einer Phase Bremen-Fan geworden, in der Werder sich aufmachte, zu einem der erfolgreichsten Vereine der Bundesliga-Geschichte zu werden. Es ging immer aufwärts. Auch wenn ich meinen Verein damals nicht wegen seiner Erfolge liebte, sondern weil er anders war, sollte mein Fansein wohl vor eine Probe gestellt werden. Ich stellte mir ja alles so schön vor, einfach nach Bremen zu ziehen und Titelgewinne zu feiern. Stattdessen bekam ich die drei schlechtesten Werder-Jahre seit dem Wiederaufstieg serviert. Und ich muss Werder gut zur Seite gestanden haben in dieser Zeit, denn anders kann ich mir den Pokalsieg 1999 am Tag vor meiner Abschlussprüfung nicht erklären. Nichts fiel mir leichter, als in diesen Jahren meine Werder-Liebe zu beweisen. Ich glaube, ich würde sie nur aufgeben, wenn der Verein sich selbst entfremden würde, ganz unabhängig von sportlichen Ergebnissen. Solange Leute am Werk sind, die Werder kennen und den Verein entsprechend repräsentieren und führen, werde ich blind folgen. In Zeiten, in denen Spieler Vereine wechseln wie Boris Becker seine Liebhaberinnen, sind die Leute um das Team herum immer wichtiger geworden, um die Identifikation der Fans aufrechtzuerhalten.

Jedes Mal, wenn ich einen bedeutenden Sieg im Stadion erlebe, kommen mir solche Gedanken. Ich denke im größten Erfolg nicht schon an den nächsten Titel, sondern schaue auch mal zurück auf die weniger guten Werder-Stunden. Das steigert die Freude ungemein und hilft auch, nicht abzuheben. Eine sehr typische bremische Eigenschaft übrigens.

Nach dem 4:0 gegen Lyon dachte ich daher zuerst an das 1:0 gegen Schalke im letzten Mai, das uns ja praktisch den Klassenerhalt sicherte und Thomas Schaafs Trainer-Debüt war. Ein halbes Jahr später hat derselbe Trainer mit seiner erfrischend trockenen Art, auf Bremer Art eben, diesen Club ins Achtelfinale des UEFA-Cups geführt! Würde ich mich fürs gleiche Geschlecht interessieren, Thomas Schaaf wäre damals mein Traummann gewesen.

Werder besiegte im Achtelfinale in einem extrem spannenden Rückspiel an der Weser auch den Titelverteidiger aus Parma in der Summe mit 3:2. Das lang ersehnte Selbstvertrauen kehrte nach und nach zurück, und jetzt wartete die nächste Reifeprüfung auf die neue Werder-Mannschaft: Arsenal London. Ein Traumlos. Die Gunners hatten Spieler wie Bergkamp, Henry, Overmars, Viera, Tony Adams und Dave Seaman in ihren Reihen. In London schlug Werder sich tapfer und verlor nicht unerwartet mit 0:2. Zum Rückspiel fuhren wir in derselben »Besetzung« nach Bremen wie gegen Lyon, was ich schon mal für ein gutes Omen hielt. Das Weserstadion war diesmal rappelvoll und die Stimmung in der Ostkurve dementsprechend gut. Was sich allerdings nach sieben Minuten rasch änderte, als der namenloseste der Gunners, Ray Parlour, mit einem Kunstschuss vom Strafraumeck das 0:1 erzielte. Hoffnung keimte auf, als Bode im Gegenzug das 1:1 schaffte, welches der Schiri aber nicht anerkannte. Stattdessen legte Parlour noch einen drauf zum 0:2.

Am Ende verloren wir 2:4, aber ich war kein bisschen enttäuscht. Nie zuvor und nie danach hatte ich das Gefühl, im eigenen Stadion so verdient verloren zu haben. Nicht weil Werder so schlecht war, nein, sie spielten richtig gut, aber was der FC Arsenal an diesem Tag bot, das war das Beste, was ich je von einem Gast in Bremen gesehen habe. Es kommt normalerweise zwei oder drei Mal im Jahr vor, dass Werder ein Heimspiel verliert. In der Regel läuft das dann so ab, dass Werder das Spiel macht, die Chancen nicht nutzt und der Gegner seinen ersten Konter eiskalt versenkt. Also meistens ziemlich dämlich.

Aber Arsenal spielte aktiv wie aus einem Guss, und Werder spielte mit, so gut es konnte. Und wenn es dann nicht reicht, ist auch niemand böse. Ich war stolz, diese englische Klassemannschaft gesehen zu haben, auch wenn der UEFA-Cup mit dem Viertelfinale für uns jetzt vorbei war – übrigens unser größter internationaler Erfolg seit 1993/94, als wir als erstes deutsches Team in der Champions League spielten.

Im DFB-Pokal kamen wir nach Siegen über Lautern, Ulm und Bochum ins Halbfinale. Im Weserstadion hatten wir die zweitklassigen Stuttgarter Kickers zu Gast. Da im anderen Halbfinale die Bayern siegten, die sicher unter den ersten zwei der Bundesligatabelle platziert waren, wären wir bei einem Finaleinzug schon im Februar für den UEFA-Cup qualifiziert gewesen. Das war Motivation genug. Zu diesem Spiel gegen die Kickers nahm ich Marion mit. Ich machte ihr die Reise mit einem Aufenthalt in meinem ehemaligen Ausbildungshotel schmackhaft. Das war auch bitter nötig, denn das Spiel war eine Qual bei Regen und Minusgraden. Kurz vorm Elfmeterschießen erlöste Werder uns nach Toren von Dabrowski und Maximow mit dem 2:1, und wir waren im Finale.

Zum zweiten Mal in Folge, auch da lebte so langsam die alte Werdertradition wieder auf. Zum ersten Mal in der Geschichte standen im Mai 2000 genau dieselben Mannschaften im Finale wie im Vorjahr. Allerdings ist dieses Spiel kein Kapitel wert. Die Bayern wollten Revanche für die Niederlage im letzten Jahr, und so spielten sie auch. Wir spielten so, wie man halt spielt, wenn man schon seit Februar weiß, dass man am Saisonende auf jeden Fall im UEFA-Cup gelandet ist. Klare Sache also für die Bayern, 3:0.

Ich habe auch keine Szene dieses Spiels mehr vor Augen, ich war wahrscheinlich genauso lethargisch wie Herzog und Co. Ich weiß nur, dass mein Bremen-Freund Matze bei uns gearbeitet hat und ich so in Ruhe in meiner Wohnung das Spiel schauen konnte. Es stand so lange 0:0, bis Marion mit ihrer Freundin reinkam… Alte Leier halt. Aber Werder war so schlecht an diesem Tag, die Niederlage konnte ich nicht an den beiden Damen festmachen.

KAPITEL 14

Saison 2000/01: Vom Saulus zum Paulus

Im Sommer 2000 fuhr ich erstmal mit Matze nach Lüttich zur Europameisterschaft, um die DFB-Elf gegen Rumänien anzufeuern. Bis auf das Spiel war das eine ganz lustige Tour gewesen. Wenigstens sahen wir das einzige Turniertor der deutschen Mannschaft durch Mehmet Scholl, zum 1:1-Endstand. Nach dem grausamen Gekicke der Nationalmannschaft freute ich mich umso mehr auf Werder.

Thomas Schaaf und Klaus Allofs waren jetzt ein komplettes Jahr in Amt und Würden, und man hoffte, dass Werder jetzt noch näher an die Bundesligaspitze ranrückte, da diese beiden jetzt endgültig freie Hand hatten und ohne »Altlasten« an der Mannschaft rumtüfteln konnten. Es kamen auch einige neue Spieler, die diese Hoffnung unterstrichen, wie der »Jungkaiser« Fabian Ernst, der ein Riesentalent war und den der Rivale HSV netterweise nicht mehr gebrauchen konnte, da man sich anscheinend zu Höherem geboren sah. Dazu kamen noch Kristajic und Verlaat für die Abwehr und der junge Banovic als langfristiger Herzog-Nachfolger im Mittelfeld. Von den Amateuren rückten Stalteri und Borowski hoch. Vorne stürmten in der Regel Pizarro und Ailton.

Das las sich wirklich richtig gut auf dem Mannschaftsbogen, aber leider nicht in der Tabelle. Werders neue Elf musste sich erst mal finden und fand sich auch, allerdings im Tabellenkeller. Sportlicher Tiefpunkt war ein 0:2 gegen die Strandfußballer von Antalya, die von einem gewissen Maurizio Gaudino (!) angeführt wurden. Allein diese Tatsache drückt schon aus, wie talentfrei Werder an diesem Tag spielte.

Natürlich hatte ich eine Karte für das Rückspiel in der ersten Runde des UEFA-Cups gegen die Türken. Was anfangs als »Kanonenfutter« galt, war nun ein ernst zu nehmender Konkurrent, vor dem ich auf einmal einen riesigen Respekt hatte. Zumal ja bestimmt einige Tausend Türken im Weserstadion sein würden. Ich machte in Osnabrück Zwischenstation, um Dominik, einen Kollegen aus meiner Bremen-Zeit, mitzunehmen. Im Stadion bestätigte sich, dass Werder ein »Auswärtsspiel« hatte, so laut war der Gästeblock. Aber Werder tat das einzig Richtige, um mich und die Gästefans zu beruhigen. Sie legten los wie die berühmte Feuerwehr und schnürten die chancenlosen Türken regelrecht ein. Ailton schoss Antalya im Alleingang ab mit seinen drei Toren. Wicky, Bode und Stalteri fügten jeweils eines dazu, sodass es am Ende 6:0 stand.

Selten saß ich so ruhig und relaxt im Weserstadion, ohne irgendwelche Wehwehchen in der Magengegend. Und selten hab ich den Stimmungspegel bei Gästefans so sinken sehen während eines einzelnen Spiels. Es war einfach nur amüsanter Fußball. Sie meinen vielleicht, Mensch, nach einem 0:2 mit einem 6:0 die nächste Runde zu erreichen, ist doch wieder ein legendäres Werder-Wunder. Bitte nicht!

Wer den Tabellenvierten der türkischen Liga – dessen bester Spieler ein 35-jähriger Maurizio Gaudino ist – 6:0 schlägt, der gehört geohrfeigt, und zwar dafür, dass er das Hinspiel 0:2 verloren hat! Nein, das hätten Spartak, Anderlecht, Lyon und Neapel nicht verdient, dass sie später mal in einem Atemzug mit Antalyaspor genannt würden.

Gut gelaunt war ich trotzdem und hoffte, dass dieser Sieg uns auch in der Bundesliga nach oben bringen würde. Aber vergebens, Werder kam in der Liga einfach nicht in die Gänge, und so durfte ich mich nur über die nächste UEFA-Cup-Runde freuen (der DFB-Pokal war diesmal schnell für uns beendet, und nach zwei Jahren fand das Finale erstmals wieder ohne uns statt). In der zweiten Runde fuhr ich zum Hinspiel nach Bremen, wieder mit Dominik aus Osnabrück, gegen den belgischen Vertreter aus Genk. Wir übernachteten in unserem alten Hotel, da wir nach dem Spiel noch zum Freimarkt wollten, die bremische Ausgabe des Münchner Oktoberfestes.

Das Spiel gegen Genk hatte schon ein anderes Kaliber als das gegen Antalya. Ailton flog vom Platz, doch Werder gewann trotzdem mit 4:1. Da war die Erleichterung doch deutlich spürbar. Jetzt galt es, diesen Sieg gebührend zu feiern, in der Bremer Stadthalle, wo der Freimarkt ab Mitternacht so richtig in die Gänge kam, mit diversen Livebands und Becks-Bier. Damit uns auch keine heiße Bremerin anbaggerte, man ist ja treu, stopften wir uns an einem türkischen Imbiss neben einer bekannten Discothek noch einen Döner in den Hals, um den Mundgeruch zu fördern. Just hier, an der Tür zur Dönerbude, erkannte Dominik den

Jungprofi Tim Borowski, der im Werder-Internat in der Ostkurve wohnte und ab und an bei den Profis mittrainieren durfte. Ich kannte ihn nur vom Namen, da er noch keine Bundesliga-Minute auf dem Platz gestanden hatte. Er war aber ein vielversprechendes Talent und Jugendnationalspieler. Dominik stellte mich ihm vor, und Borowski, der drei Jahre jünger ist als ich, kam mir doch ganz schön arrogant rüber. Allerdings war er, wer soll es ihm verdenken, sagen wir mal, ein wenig angeheitert, als er tönte: »Hallo, ich bin Tim Borowski, U21-Nationalspieler, willst du meine Handynummer haben?!«

Er schrieb sie mir unaufgefordert auf! Das bedeutete mir allerdings gar nichts, da ich ihn nicht kannte, und ich verlor sie auch relativ schnell wieder. Nur seine Art passte mir überhaupt nicht. Das musste ich, der ebenfalls etwas angeheitert war, ihm dann auch sagen: dass er ganz cool bleiben solle und ja nicht abheben, nur weil er bei Werder mittrainieren darf. Sonst könne er sein Leben lang Döner essen. Als sich unsere Wege trennten, sagte ich mir, der Borowski kriegt die Bundesliga nie zu sehen.

In der Stadthalle ging es dann weiter. An der Cocktailbar standen Torsten Frings und Raphael Wicky, »Werders junge Wilden«, die langsam erwachsen wurden. Da ich ja angeheitert war, ließ ich es mir nicht nehmen, sie anzuquatschen. »Glückwunsch zum Sieg. Musstet ihr Ailton sehr trösten wegen seiner Roten Karte?«

Mit einem ebenfalls leicht arroganten Hauch antwortete Frings: »Nö, der Ailton versteht eh kein Deutsch!«

Ups, die wollen, glaube ich, in Ruhe alleine weitertrinken, dachte ich mir und verpisste mich schnell. Zugunsten der Spieler muss ich sagen, dass es ja wirklich nervig ist, von jedem angelabert zu werden. Aber ich finde, ich habe das Recht dazu, weil ich länger als sie Werderaner bin, mehr Emotionen reingesteckt habe und dafür auch noch bares Geld bezahlt habe. Und ich bin bestimmt kein Pöbler, sondern eine freundliche Person, die höchsten Respekt vor den Spielern hat. Und es ärgert mich einfach, wenn meine Gefühle für einen traurigen Ailton von einem direkten Mitspieler nicht geteilt werden.

Raphael Wicky lernte ich kurz später »kennen«, als er seinen Wechsel zum spanischen Zweitligisten Atletico Madrid bekannt gab, »wegen der besseren sportlichen Perspektive«… Naja, Peseten, sag ich da nur. Aber jeder Mensch wird mit der Zeit schlauer, mancher sogar noch innerhalb dieses kleinen Buches…

Die nächste Runde führte uns nach Bordeaux. Girondins ließ uns aber nicht den Hauch einer Chance, sodass wir uns mit 1:4 auswärts und 0:0 zu Hause aus dem UEFA-Cup verabschieden mussten. Jetzt blieb im eiskalten Spätherbst nur noch die Bundesliga, in der wir unten rumkrebsten und vergeblich auf einen Wendepunkt hofften. Am letzten Hinrunden-Spieltag musste Werder nach Rostock, zu einem Gegner, von dem man dachte, der könnte unser Wendepunkt sein.

Ich war an diesem Tag bei Marion in Aachen und beschloss, da dieser Abend eh im Zeichen des Fußballs stand, zum ersten Mal zu einem Live-Spiel auf den Aachener Tivoli zu fahren, Alemannia gegen den LR Ahlen. Dieses Zweitligaspiel wurde schon um 18 Uhr angepfiffen, sodass ich anschließend noch Werder verfolgen konnte. Der Tivoli begeisterte mich, der Fanblock verlief parallel zur Seitenlinie, ist also viel größer als in den Stadien, in denen er hinterm Tor liegt. Und lustig war er auch: Sobald ein Gästespieler mit dem Ball entlang der Seitenlinie lief, verfolgte ihn vom Anfang bis zum Ende bzw. Ballverlust ein ohrenbetäubendes, ja fast barbarisches »Haaaaah, Haaaaaaah, Haaaaaah!«, sodass er ganz verschreckt die Kugel verstolperte. Beim Stande von 3:1 für die Alemannia verließ ich den Tivoli, um rechtzeitig zum Werder-Spiel in Marions Wohnung zu sein. Im Auto hörte ich dann noch, dass das Aachen-Spiel 4:3 endete und ich drei Tore verpasst hatte.

Bei Marion nutzte ich zum ersten Mal den Live-Ticker aus dem Internet, um mich über das Werder-Spiel zu informieren, da ihr alter Fernseher keinen Videotext kannte und wir kein Radio hatten. Es war grauenhaft. Erst steht es 0:0, dann klickt man auf »aktualisieren«, und es steht 2:0 für Rostock. Gleich zwei Gegentore auf einmal, warum nicht. Mist. Minuten vor Schluss hieß es 3:2 für Hansa, und ich hoffte auf ein Remis. Einen Mausklick später hatte der Computer wieder zwei Gegentore auf einmal gefunden, es stand 5:2, und ich konnte nichts dagegen tun. Fertig. Werder verlor durch grobe Unsportlichkeiten auch noch zwei Spieler und gab ein erschreckend schwaches und unsympathisches Bild ab, fast so wie bei Felix Magath im April 1999. Die Zeitung mit den großen vier Buchstaben wandelte den SV Werder kurzerhand in den »SV Widerlich« um, und das

Schlimmste war, man konnte dem wirklich nicht widersprechen. Es musste was passieren.

Und es passierte etwas. Die Mannschaft berappelte sich und legte einen Traumstart ins Jahr 2001 hin. Siege gegen 1860, den HSV, gegen die Meisterschaftskandidaten Bayern und Schalke sorgten dafür, dass Werder wieder nach oben kam und richtig schönen Fußball zeigte, sodass der »SV Widerlich« von der Presse in den »SV Wunderbar« umgetauft wurde.

Unnötige Heimniederlagen gegen Wolfsburg und Kaiserslautern verhinderten den Sprung auf einen UEFA-Cup-Platz, für den am Ende drei Punkte fehlten. Aber so wie die Rückrunde hatte man sich eigentlich die ganze Saison vorgestellt. Höhepunkt am 34. Spieltag war, dass Bayern in letzter Sekunde den Schalkern die Meisterschaft wegnahm, denn ansonsten hätte man sich ernste Sorgen um unser Restaurant machen müssen, das dann fest in blau-weißer Hand gewesen wäre. Habe mich selten über ein Bayern-Tor so gefreut. Auch wenn mir mein Schwager leid tat, der im Schalker Parkstadion via Anzeigetafel Anderssons Treffer in der Nachspielzeit mitverfolgen »durfte«, mitten in der verfrühten blau-weißen Meisterfeier.

Ein Wermutstropfen am Saisonende war der Verlust von Claudio Pizarro, den man ohne Europapokal-Einnahmen nicht halten konnte und gegen gutes Geld zum FC Bayern wechseln ließ. Als »Pizza« vor zwei Jahren kam, kannte ich ihn nicht, und meine Frau hält mir das heute noch vor, dass sie damals sagte, dass er ein Star wird. Jetzt konnte er sich jeden Verein aussuchen. Auch Werders Verdienst.

KAPITEL 15

Saison 2001/02: Revolution

Im Sommer 2001 versuchte Werder Bremen, die ganz passable Vorsaison durch den Gewinn des UI-Cup (Pokal der Verlierer der Verlierer ...) zu veredeln, um auch in diesem Jahr am UEFA-Cup teilnehmen zu dürfen. Das Problem an der Sache war, dass zu dieser Phase auch immer neue Spieler integriert werden mussten und die Mannschaft noch nicht eingespielt war. Und es kamen einige, allerdings auch sehr vielversprechende. Für Pizarro kam Ivan Klasnic, über den ich mich sehr freute, da er in der 2. Liga bei St. Pauli einige wichtige Tore geschossen hatte und irgendwie spitzbübig rüberkam, ein ziemlich cooler Typ. Fürs Mittelfeld kam Christian Lisztes, ein feiner Techniker, der den etwas alternden Andi Herzog unterstützen sollte.

Das Unternehmen »UI-Cup« wurde natürlich in den Sand gesetzt, um ja keine zu große Vorfreude auf die Saison aufkommen zu lassen. Beim »Heimspiel« in Oldenburg verlor Werder völlig unnötig mit 2:3 gegen die Belgier aus Gent, die keine große Nummer in Europa waren, sich aber gut genug mit der Europapokal-Torregel auskannten. Sie erlaubten sich im Rückspiel nur eine 0:1-Heimniederlage und kegelten Werder aufgrund der mehr geschossenen Auswärtstore raus.

Da staute sich erst einmal Frust im Umfeld, und der wurde durch einen klassischen Fehlstart noch größer. Werder kämpfte mit dem System, mit der Taktik, mit dem Gegner und vor allem mit sich selbst. Vor allem im Mittelfeld, das mit Herzog, Frings, Banovic, Lisztes und Ernst eigentlich als Prunkstück galt, hieß die Frage nicht »Sein oder Nichtsein«, sondern »Pro Herzog oder contra Herzog«.

Die Frage an sich war schon eine kleine Sensation, denn wenn einer über Jahre unantastbar war, dann unser Österreicher, der Publikumsliebling schlechthin. Andi Herzog war seit 1992 auch mein Favorit, er war sympathisch, hatte Humor und war, wenn er hundertprozentig fit war, für mich der beste Spieler der Bundesliga. Sein Können hatte aber den Nachteil, dass er von den technisch und gedanklich unterlegenen Gegenspielern oftmals nur durch gezieltes Umholzen gestoppt werden konnte. Dementsprechend oft fiel er aus oder konnte nicht absolut fit ins nächste Spiel gehen.

Zuletzt, er stand jetzt vor seinem 33. Geburtstag, ließ seine Spritzigkeit natürlich etwas nach, doch es reichte in der Regel immer noch, um bei Werder die Fäden zu ziehen. Aber die anderen drängten sich auf, vor allem Lisztes, der Herzog unterstützen sollte, war ohne Andi noch stärker. Dazu zeigte Torsten Frings, dass man ihn nicht nur in der Defensive gebrauchen konnte, sondern auch in der Vorwärtsbewegung. Und dann schoss noch einer nach vorne, den selbst ich nicht auf dem Zettel hatte, sondern eher mit Disco und Dönerbude in Verbindung brachte: Tim Borowski! Hätte ich seine Handynummer nicht weggeschmissen, ich hätte mich gern bei ihm entschuldigt beziehungsweise ihm zu seiner Entwicklung gratuliert.

Wir spielten also öfter mal ohne Herzog, aber das hatte auch sein Gutes. Herzog war ja bekannt, jeder Gegenspieler hörte vom Trainer: »Schalte Herzog aus, und Werder kriegt herbe Probleme.« Ohne Herzog fehlte zwar hier und da mal ein genialer Moment, aber insgesamt war Werder schwieriger auszurechnen. Und das zeigte sich am 5. Spieltag. Da musste Werder auf den Betzenberg zu den starken Lauterern, die bis dato jedes Spiel gewonnen hatten.

Ich befand mich an diesem Sonntagabend auf den Bermudas, um meinen Kumpel Matze zu besuchen, der dort mit seiner Freundin einen Job als Koch hatte. Es war natürlich etwas kompliziert, von dort die Bundesliga zu verfolgen, aber Matze sagte mir, dass ein Spiel über Fox-Sports in voller Länge gezeigt werden würde, allerdings zeitversetzt, nicht live. In Deutschland begann das Spiel um 17.30 Uhr, da war es bei uns 11.30 Mittag. Matze schlug vor, den Anstoß einfach zu ignorieren und sich gegen 15 Uhr Bermuda-Zeit das Spiel ohne Ergebniskenntnis anzuschauen. Skeptisch stimmte ich zu. Aber als das Spiel in Deutschland angepfiffen wurde, bekam ich Magenschmerzen. Das sollte ich aushalten? Das schaffe ich nie, dachte ich nur. Um 19 Uhr deutscher Zeit konnte ich nicht mehr, es lief die 75. Minute des Spiels, und ich saß nassgeschwitzt am »schönsten Arsch« der Welt und konnte nix machen. Als ich alleine im Wohnzimmer war, griff ich zum Telefon und rief zu Hause im Restaurant an: »Moin, Papa, hier ist Jan.«

»Wie geht's dir denn, wie spät ist es bei euch? Wie ist das Wetter? Willst du Atti (meine Mutter) sprechen?«

»Papa, sag mir einfach, wie es steht!«

Ich hatte jetzt wirklich keinen Bock, über meinen Urlaub zu schnacken, außerdem hört sich das auch nicht gut an, wenn man erzählt, dass Matze und ich auf den schönen Bermudas den ganzen Tag nichts Besseres zu tun hatten, als FIFA 2002 zu zocken, ein Computer-Fußballspiel.

»Warte, ich geh mal eben zum Fernseher.«

»Mach schon«, stöhnte ich.

»2:1!«

Gott sei Dank, dachte ich, bis Papa ein leises »für Kaiserslautern« hinzufügte. Da war er wieder, dieser Stich ins Herz. Vor dem kann man einfach nicht fliehen. Als das Spiel zehn Minuten später zu Ende war, rief ich noch mal an, um endgültige Gewissheit über die Niederlage zu haben. Matze, der sich auf ein packendes Spiel freute, wusste das Ergebnis aufgrund meiner Körpersprache nun auch und war dadurch der Spannung beraubt. Die Magie dieses Sonntages verflog. Für Matze war es immer was ganz Besonderes, fern von Deutschland ein ganzes Spiel zu sehen, denn deutsches Fernsehen gab es hier natürlich nicht.

Ich schaute mir die zeitversetzte Übertragung trotzdem an, nachdem der erste Kummer verflogen war. Vielleicht konnte ich ja irgendetwas Positives an diesem Spiel erkennen.

Und tatsächlich: Das sah zeitweise nach richtig gutem Fußball aus, was Werder beim Spitzenreiter bot. Unserem 1:0 durch Mittelfeldmann Banovic ging ein Traumpass von

Tim Borowski voraus, und auch sonst waren einige schöne Spielzüge dabei. Und alles ohne Andreas Herzog, der erst kurz vor Schluss eingewechselt wurde. Werder hatte nur zehn schlechte Minuten, die uns kurz vor meinem ersten Anruf den Sieg kosteten. Hätte ich mal eher angerufen, oder später, oder gar nicht... Nein, damit fange ich nicht schon wieder an.

Werder hatte ein Spiel verloren, aber ein System gefunden. Und Herzog hatte auch was gefunden, und zwar den Platz auf der Bank! Und da sich ein Spiel zuvor die Werder-Ikone Dieter Eilts schwer verletzte, fand Werder ab jetzt ohne die alten Haudegen »Ostfriesen-Alemao« und »Alpenmaradona« statt. Wer das im Sommer vorhergesagt hätte, dem hätte ich den Vogel gezeigt.

Zwei Tage nach der Lautern-Pleite hatte nicht nur das Werder-Mittelfeld ein neues Gesicht, sondern leider die ganze Welt. Live am Fernsehen, auf CNN, mussten wir auf den Bermudas, etwa zwei Flugstunden von New York, mitansehen, wie der zweite Flieger ins World Trade Center flog. In dem Moment schnallte man den Hintergrund nicht direkt, aber als William, der amerikanische Freund von Matzes Schwester, die ebenfalls in dem Haus wohnte, von der Arbeit kam, sagte er nur: »Das gibt Krieg!« Die Stimmung ging in den Keller, die amerikanische Touristenhochburg Bermudas musste jetzt erst mal ohne Urlauber auskommen, da von den USA alle Flüge storniert wurden. An diesem 11. September waren wir wirklich nicht nur durch William hautnah dabei. Matzes Freundin Nina sollte an diesem Tag von einem Heimaturlaub aus der Schweiz zurückkehren, hatte in der Luft von den Ereignissen gehört und musste mit dem Flieger zahlreiche Ehrenrunden drehen, um nach einigen Turbulenzen ziemlich verspätet landen zu können. Abends in den Kneipen gab es verständlicherweise nur dieses Thema. William, der aus dem Umkreis von New York kam, telefonierte ständig nach Hause, um zu hören, ob es allen gut ginge.

Als der nächste Spieltag kam, verfolgten wir die Begegnung gegen Köln natürlich trotzdem. Was sollte man auch anderes machen. Werders neue Taktik führte auch gegen schwache Kölner nicht zum Sieg, aber so frisch nach dem 11. September wollte ich mich darüber auch nicht zu sehr ärgern.

Am Dienstag nach dem Köln-Spiel ging es wieder nach Hause. Trotz aller Turbulenzen konnte ich auf einen schönen Urlaub zurückblicken und hoffte, jetzt nur noch heil in Düsseldorf und bei meiner Marion anzukommen.

Meine Rückkehr auf deutschen Boden hatte ihre Wirkung in Bremen anscheinend nicht verfehlt. Das System war klar, nur die Resultate stimmten noch nicht. Aber als ich am Samstag wieder in der Restaurantküche malochte, kam der Paukenschlag! Ein atemberaubendes 4:0 beim Erzrivalen HSV läutete ein bärenstarke Serie ein. Werder fügte den Schalkern in ihrer neuen Arena die erste Heimniederlage zu, mit einem glanzvollen 4:1. Die starken Leverkusener verloren ihr erstes Saisonspiel natürlich gegen Werder. Den zwischenzeitlichen Ausgleich beim 2:1-Erfolg erzielte Marco Bode. Dieses Tor war sein 98. Treffer in 13 Jahren Werder Bremen. Jetzt hatte er einen mehr als Rudi Völler und war damit ewiger Rekordschütze in der Historie des ruhmreichen SVW. Dass Rudi Völler seine 97 Tore allerdings in nur fünf Jahren geschafft hatte, sei nur am Rande erwähnt. Marco Bode, der anfangs neben Meister Rufer stürmte, spielte ja im Schnitt, sagen wir mal, nur jedes zweite Mal Sturmspitze, da er sehr vielseitig einsetzbar war. Diese Tugend machte ihn auch zum Nationalspieler, dessen Karriere dann mit dem Tor zum 2:0 gegen Kamerun bei der WM 2002 gekrönt werden sollte.

Am letzten Hinrunden-Spieltag musste Werder zu Hause gegen Freiburg ran. Da das Spiel an einem Dienstag war, fuhr ich mit Matze, der auf Heimaturlaub war, zum Spiel nach Bremen. Nach einem richtig netten Spiel siegte Werder mit 3:2 und war Tabellendritter mit engem Kontakt zur Spitze. Fazit der Hinrunde war, dass Werder in Thomas Schaaf einen super Trainer hatte, der nicht auf Namen (Herzog!) schaute, sondern auf Leistung. Schaafs Fußball fand in der Öffentlichkeit immer mehr Anerkennung, genauso wie Torsten Frings, der, von Borowski, Ernst und Lisztes unterstützt, zum besten Mittelfeldspieler der Liga avancierte. Nach diesem Spiel fühlte ich mich so wohl wie lange nicht mehr in meiner grün-weißen Haut. Ich weiß noch genau, wie ich beim Italiener anschließend eine »Werder-Pizza« verschlungen habe, die mit reichlich »Schaafs-Käse« belegt war.

Zu diesem Zeitpunkt hatte ich Werder auch längst das völlig unnötige Pokal-Aus beim Drittligisten Uerdingen verziehen, das ich mir auf dem Weg nach Aachen zu Marion noch angetan hatte. Da freut man sich die ganze Zeit auf einen schönen Abend bei der Freundin und steht dann doch wie ein beleidigter Hengst vor der Klingeltür, weil Frank Verlaat einen Elfmeter à la hollandaise geschossen hatte. Volle Lotte auf die Stehtribüne, nach dem Motto: »Ist schon spät, wir hören jetzt auf!« Tat sehr weh …

Im Herbst 2001 hatte Werder im gesamten Jahr, also Rückrunde der letzten und Hinrunde der bisherigen Saison addiert, die meisten Punkte gesammelt, war sozusagen Kalendermeister. »Würden wir in Norwegen spielen, wären wir tatsächlich Meister!«, sagte ich immer, in Anspielung auf den skandinavischen Spielplan, der mit dem Kalender synchron ging. Leider hatten wir aber noch nichts wirklich Zählbares in der Hand, denn die aktuelle Rückrunde stand noch an.

Und die wurde komischerweise zum Fiasko, zumindest in der Phase bis zum 28. Spieltag, als wir nur zwei Spiele gewinnen konnten. Werder war vom dritten Rang bis auf einen »Nicht-Europapokalplatz«, den siebten, abgerutscht. Einfach unerklärlich. Jetzt hoffte man wenigstens auf Platz 6, um den UEFA-Cup-Platz zu retten.

An einem stressigen Sonntagabend in der Küche spielte Werder gegen Hansa Rostock, das war die letzte Chance, das Ziel noch zu erreichen, ein Sieg musste her. Aber es rumpelte wie immer in den letzten Wochen, und man lag mit 2:3 gegen die auswärtsschwachen Ostseejungs zurück. In der 90. Minute wird es auch unserem Keeper Frank Rost zu bunt, und er stürmt bei einer Ecke für uns mit nach vorne, ohne sich es nehmen zu lassen, das 3:3 selbst zu erzielen.

Wahnsinn, ein Torwart-Tor. Schön und gut, aber was sollen wir mit einem 3:3? Das sah Hansa-Trainer Veh genauso und verschwand angefressen in der Kabine. Nach dem Anstoß klaute Werder Rostock mit forschem Pressing den Ball, und Torsten Frings fummelte sich in den Strafraum, allerdings übertrieb er es ein wenig und dribbelte sich zu weit nach außen. Ein Tor war von dieser Position unmöglich und eine Abspielmöglichkeit schon längst blockiert. Doch dann kam eines der schönsten Fouls der Werder-Geschichte, wenn es denn eines war: Der Rostocker Schröder klaute mit einem langen Bein Frings das Leder, der dabei hinfiel. Das war eine normale Bewegung, denn berührt wurde er vom Gegenspieler ja, aber dass der Schiedsrichter dann in der 92. Minute auf Elfmeter entschied, war nicht ganz normal, sprich korrekt. Aber darüber braucht man nicht streiten, mal erwischt es den einen, mal den anderen. Und in diesem Moment brauchten wir so was einfach. Mir stockte der Atem! »Elfer, Elfer! Das gibt's doch gar nicht!«

Als Ailton anlief, rannte ich schnurstracks in den Garten, obwohl in der Küche noch einige Bestellungen der Gäste an der Bon-Leiste hingen. Ich konnte nicht hinsehen. Ich nahm im Garten unseren Dackel auf den Arm, was ich recht selten tue, da er mir oft zu nah an unsere Küche kommt, von wo ich ihm dann einen abweisenden zarten Tritt in den Hintern verpasse. Ich drückte ihn jetzt ganz lieb und betete, dass der »Dicke« den Elfer verwandelt.

Nach zwei Minuten ging ich mit hohem Puls in die Küche zurück und sah den erlösenden hohen Daumen von Henric, meinem Arbeitskollegen in der Küche. 4:3, Wahnsinn! Wir waren wieder im Geschäft. In München rettete Kristajic uns in letzter Minute ein 2:2. Anschließend wurde Schalke mit 3:0 an der Weser besiegt, und Werder musste am 32. Spieltag nach Leverkusen, die kurz vor der Meisterschaft standen. An diesem Samstagnachmittag wollte ein recht vornehmer Gast, Sohn eines Steuerberaters, ein ziemlich netter Kerl, der aber mit Fußball und seinen Emotionen gar nichts zu tun hatte, einen Topf Sauerampfer-Suppe abholen.

Um viertel vor fünf kam er in die Küche, als ich gerade beim Stand von 1:1 die vorbereitete grüne Suppe aus dem Kühlhaus hole. Als er mich ganz korrekt und höflich begrüßen wollte, schrie der Premiere-Reporter im Fernsehen: »Tor in Leverkusen!« Ich wurde ganz hibbelig, sagte kein Wort zu meinem Kunden, hielt nur die Hand auf seine Schulter, schaute die grüne Suppe ganz abergläubisch an und blickte dann hoch zum Fernseher, wo nun schnell nach Leverkusen geschaltet wurde. Und ich sah, wie grün-weiße Fahnen geschwenkt wurden! Tor für Werder, 2:1, Ailton. Ich rannte auf den Hof, schrie meine ganze Anspannung raus und vergaß den Gast vollkommen. Dann schüttelte ich mich einmal und sagte leise: »Sorry, Wolfgang, hier ist deine Suppe. Bitte nicht mehr aufkochen, sondern nur erhitzen und anschließend diese frische Sauerampferpaste unterrühren, dann behält sie ihre schöne (nämlich die grüne!) Farbe.« Ein Spritzer geschlagene Sahne oben drauf, und sie ist sogar grün-weiß! Nein, das hab ich ihm nicht mehr gesagt. Er bedankte sich ganz schüchtern und wünschte mir sogar noch viel Glück – für was auch immer, schien er sich zu denken.

Werder erreichte im Endspurt tatsächlich noch den sechsten Platz und hatte sich mit nun 56 Punkten wieder verbessert im Vergleich zum Vorjahr. Insgesamt konnte man zufrieden sein, aber die Freude wurde getrübt durch den Blick auf die starke Hinrunde, die eigentlich auf mehr hoffen ließ und durch den erneuten Abgang eines Leistungsträgers, nämlich von Torsten Frings.

»Lutscher«, wie er gerufen wurde, war mir von Anfang an sympathisch gewesen, seit er im Februar 1997 als junger Bursche gegen Freiburg eingewechselt wurde und ich dieses Debüt live im Stadion mitverfolgte. Ich meine, er hat sogar mit seiner ersten Aktion damals den Elfmeter zum 1:0 erzwungen, den Herzog zum Sieg verwandelte. Auch wenn er mir letztes Jahr in der Stadthalle ein wenig unsympathisch rüberkam, war er doch eine wichtige Identifikationsfigur für die Fans. Doch in den Wochen, in denen sich sein Wechsel zu den Dortmundern abzeichnete, gab er einigen »Müll« von sich. Zum einen gegen den Verein und auch gegen Thomas Schaaf. Denn auf einmal war Frings ja so was von begeistert von Dortmunds Trainer Sammer, der ihn sogar persönlich besuchte in Bremen, dass man sich fragte, welcher Trainer es denn war, der »Lutscher« auf den Weg nach oben gebracht hatte, wer ihn auf seine Wunschposition stellte, die ihm zum Durchbruch verhalf. Als er dann noch den schlauen Satz sagte: »Ich möchte später nicht in einem Atemzug mit Spielern wie Dieter Eilts oder Marco Bode genannt werden«, also Spieler, die sich durch ihre jahrzehntelange Vereinstreue auszeichneten, war es den Fans dann auch schnuppe, dass er ging. Wer nicht mehr will, der hat schon.

Rein sportlich war das natürlich ein herber Verlust, wie auch die WM in Asien im Sommer zeigen sollte, wo Frings ein echter Leistungsträger war. Und Herzog war ja auch nicht mehr da. Lisztes, Borowski, Ernst und Banovic waren gute Spieler, allerdings noch keine Führungsspieler, sie waren gute Assistenten für einen Mittelfeldchef. Der fehlte jetzt. Jetzt musste Manager Klaus Allofs zeigen, was in ihm steckt, denn ein Ersatz für Kult-Stürmer Marco Bode musste auch noch her. Bode beendete seine Karriere auf dem Zenit seiner Leistung, als Vizeweltmeister. Das schaffen nicht viele. Ein Angebot von Schalke 04 lehnte er mit einer ziemlich sympathischen Begründung ab: »Es ist für mich unmöglich, in der Bundesliga gegen Werder Bremen zu spielen, geschweige denn ein Tor gegen sie zu schießen. Wenn, dann gehe ich nur nach England.«

Möchte jemand den Unterschied der Charaktere von Frings und Bode wissen, dann siehe oben. Aber jeder wird im Leben schlauer, wie gesagt, auch noch in diesem kleinen Buch.

Auch Frank Rosts Intelligenz reichte nur zu einem Wechsel nach Schalke 04. Er sah dort die vermeintlich bessere sportliche Perspektive und hatte dabei ordentlich Dollarzeichen in den Augen. Schalke konnte natürlich mit der hochmodernen Arena, die mehr eine Halle als ein Fußballstadion war, vielen Spielern den Wechsel schmackhaft machen; von den Gehältern ganz zu schweigen.

Nebenbei sollte in diesem Tempel, der von den nächsten Generationen finanziert werden wird, irgendwann auch mal der Deutsche Meister zu Hause sein. Mit aller Macht wollte

Manager Assauer den Titel nach Schalke holen. Wahre Meister entwickeln sich aber über einen längeren Zeitraum und werden nicht mal eben mit irgendwelchen Krediten zusammengekauft; zumindest ist das nicht die Philosophie, mit der ich mich identifizieren kann. Aber auf Schalke können sie diese Titellosigkeit seit 1958 anscheinend nicht mehr ertragen, die sie selbst durch beispiellose Misswirtschaft zu verantworten haben. Also wird auf Pump groß eingekauft. Erst wie ein Meister Geld ausgeben, um zu versuchen, Meister zu werden – das ekelt mich an. Großer Sport ist es für mich, wenn eine Mannschaft zusammenwächst ohne die großen Stars und eines Tages einen großen Titel gewinnt. Mit den dann verdienten Mitteln kann sie sich weiter punktuell verstärken. Das ist die Kunst, und das ist Sport. Und deswegen kann ich den Verein Schalke 04 (das bezieht sich nicht auf die Fans, sondern ausschließlich auf die Finanzpolitik) einfach nicht leiden. Das Ende vom Lied ist nämlich, dass sie es mit ihrer Politik sogar ab und an schaffen, vor den ehrlich wirtschaftenden Teams wie Werder zu landen, und wir wahrscheinlich noch gefragt werden, warum wir nur Sechster geworden sind…

Jetzt muss sich nicht nur der Autor beruhigen, sondern auch das Werder von 2002, nach all den Abgängen.

KAPITEL 16

Saison 2002/03: »Bonjour le Chef!«

Nach der WM 2002, als die DFB-Elf als Vizeweltmeister zurückkehrte, beschäftigte ich mich schon wieder mit Werder. Zwar steigerten wir uns stetig, seitdem Thomas Schaaf Trainer war, aber diese ewigen Abgänge störten doch gewaltig. Kaum hatte man was aufgebaut, musste man schon wieder neue Pläne schmieden. Frings und Rost waren mir jetzt geografisch sehr nahe gekommen, aber trotzdem Lichtjahre entfernt, sie waren keine Werderaner mehr. Mit Bode fehlte ein weiterer Identifikationsfaktor.

Frank Rost wurde von Ersatzmann Borel ersetzt, Marco Bode vom Griechen Angelos Charisteas, der vom ehemaligen Werder- und heutigen Griechen-Coach Otto Rehhagel empfohlen wurde. Torsten Frings' Dynamik sollte nun der immer stärker werdende Fabian Ernst einbringen. Aber ein neuer Herzog tauchte weit und breit nicht auf.

Am ersten Spieltag verlor Werder beim Aufsteiger aus Bielefeld glatt mit 0:3. Letzter! Danach würgte man sich zu einem 2:1-Zufallssieg gegen den HSV. Es haperte an allen Ecken und Kanten. Als Borowski bei der folgenden 0:3-Niederlage bei 1860 einen Elfer verschoss, musste was geschehen. Und es geschah, und zwar in Grün auf Schwarz. Ich erinnere mich genau, wie ich beim täglichen Studieren der

Videotextnachrichten auf folgende Meldung stieß: »Werder Bremen verpflichtet den französischen Mittelfeldspieler Johan Micoud ablösefrei vom AC Parma.«

Gehört hatte ich den Namen während der letzten WM schon, wirklich viel wusste ich allerdings nicht von ihm. Wenn aber einer bei Parma spielt und im Schatten des großen Zinedine Zidane steht, dann muss der was draufhaben. Die Fachpresse lobte unseren Manager Allofs ob dieses Transfers schon mal in den höchsten Tönen. Am folgenden Spieltag unter der Woche sollte »Joe« seinen Einstand geben, gegen den 1. FC Nürnberg. Ich fuhr natürlich hin, mit meiner kleinsten Schwester Marie, der ich ein Spiel in Bremen zur Kommunion geschenkt hatte, mit anschließender Übernachtung im Hotel Zur Post. Durch Kontaktaufnahme zum heutigen »kulinarischen Logen-Chef« Jürgen Formella, die führende Servicekraft im Hotel Zur Post während meiner Lehrzeit, konnte ich sogar einen Aufenthalt im VIP-Bereich arrangieren, damit Mariechen die Spieler mal von Nahem sehen konnte.

Als das Spiel angepfiffen wurde, stand endlich auch Ailton wieder in der Startelf; Trainer Schaaf hatte ihn aus disziplinarischen Gründen die ersten drei Spiele auf der Bank schmoren lassen, was nochmals untermauerte, dass bei ihm Namen keine Rolle spielten.

Johan Micoud lief mit der Rückennummer 10 auf und interpretierte sie auch dementsprechend. An seinen ersten Aktionen erkannte man schon, der Mann ist eine Granate. Also ich hab vorher noch nie so etwas von einem Neuzugang gesehen. Jemand, der gerade ein paar Tage da ist, wird nur durch sein fußballerisches Können automatisch zum Chef. Da wurde nicht groß herumdiskutiert, nach den ersten Momenten war das einfach nur glasklar, dass der Franzose von nun an, dem 10. September 2002, der Taktgeber war, den wir so dringend brauchten. Ich sah mit Marie einen glanzvollen 4:1-Sieg und ein Tor von Johan Micoud, der zudem an jedem weiteren Tor irgendwie beteiligt war. Die Zeitung mit den vier großen Buchstaben titelte tags darauf: »Micoud verzaubert Bremen!« Diese Schlagzeile stimmte nun wirklich.

Nach dem Spiel durfte ich meine kleine Schwester in der Loge sogar zusammen mit Ailton fotografieren, der in diesem Spiel dreimal einnetzte. Ein rundum gelungenes Kommunionsgeschenk für meine Schwester, aber auch für mich. Werder startete nun eine Aufholjagd, allerdings mit einigen kleinen Aussetzern, in denen man merkte, dass wir vielleicht doch ein Torwartproblem hatten. Innerhalb von drei Spielen kassierten wir elf Tore gegen Hannover, Arnheim und Dortmund. Und aus Pascal Borel wurde schnell »Pannen-Pascal«. Ich fand es hart, die Defensivschwächen allein am neuen Torwart festzumachen, aber wenn ich ihn mir heute so anschaue, wie er sich anschließend in der 2. Liga in Ahlen entwickelt hat, muss ich sagen, ja, wir hatten damals ein Torwartproblem…

Dramatisch war vor allem das Spiel in Hannover. Ich schaute das Spiel in der Wohnung meiner Eltern, die ja über dem Restaurant wohnen, und war begeistert, wie Werder dort aufspielte und 4:2 in Führung ging. Kurz vor Schluss ging ich runter zu meinem Arbeitsplatz, um schon mal die

Herdplatten vorzuheizen fürs Abendgeschäft. Ich hatte zwar kurz überlegt, ob es jetzt sinnvoll wäre, den Fernseher zu verlassen, aber die Angst, auf kalten Herdplatten loskochen zu müssen, war doch stärker. Als ich wieder Platz nahm, hallte es: »Tor in Hannover!« Ui, ein 5:2, das wäre doch jetzt die richtige Motivation für die anstehende Küchenarbeit, sinnierte ich. Aber das Tor gehörte Hannover 96, wie man am roten Fahnenmeer unschwer erkennen konnte, na und, halt nur noch 4:3.

»Unglaublich, Fredi Bobic erzielt das 4:4!« – Wie? 4:4! Es stand doch gerade 4:2?! Ich dachte, ich bin im falschen Film! 4:4! Ich war doch nur handgestoppte 118 Sekunden unten gewesen! Wie kann man in so kurzer Zeit zwei Gegentore kriegen, wenn man vorher so überzeugend gespielt hat? Hätte ich nur die kalten Herdplatten in Kauf genommen, wäre im wahrsten Sinne nichts mehr angebrannt…

Beim 1:4 gegen Dortmund wurden wir eiskalt ausgekontert und bekamen sogar von Torsten Frings ein Ei ins Netz gelegt. Erste Kritiker fragten, ob Micoud in Spitzenspielen wie gegen Dortmund doch nicht der große Chef sei, was Joe aber in beeindruckender Manier im nächsten Heimspiel gegen die Bayern auf seine Art beantwortete. Nach großem Kampf schickte Werder den Tabellenführer mit 2:0 auf die Heimreise und beendete Wochen später die Hinrunde auf einem sehr guten dritten Platz. Trotz aller Abgänge (oder wegen) wiederholte man die Leistung aus der letzten Hinrunde, was einige »Experten« überrascht haben dürfte.

Leider kam Ailton wieder zu spät aus dem weihnachtlichen Heimaturlaub, und Werder erwischte denselben schlechten Rückrundenstart wie im letzten Jahr. Von höheren Zielen musste man sich ganz schnell verabschieden. Ein unerklärliches Phänomen, was sich da abspielte. Als sich auch noch die Verletztenliste verlängerte, ging gar nichts mehr.

Nur beim Pokalviertelfinale bei 1860 München spielten wir richtig gut. Doch weil wir unsere Chancen nicht nutzten, lagen wir kurz vor Schluss auch hier wieder mit 0:1 hinten. Dann wechselte Schaaf die Stürmer aus und brachte Klasnic, der gerade von einem Kreuzbandriss wieder genesen war, und Charisteas. Klasnic rettete uns in die Verlängerung, und der Grieche sorgte für ein 4:1.

Am nächsten Morgen stand ich ganz früh an der Dortmunder Geschäftsstelle, um für Matze und mich zwei Karten für das Spiel Real Madrid gegen den BVB zu besorgen. Als ich da in der Warteschlange den Gesprächen der Dortmunder lauschte, war ich schon ein wenig stolz, wie sie unser Spiel lobten und die Schachzüge von unserem Trainer. Das war mir die kurze Nacht wert gewesen.

Das anschließende Halbfinale in Kaiserslautern fiel leider genau in die Phase, als wir gerade damit beschäftigt waren, eine schlechte Leistung mit einer noch schlechteren zu toppen. Und das klappte vorzüglich, mit 0:3 schieden wir aus. Auch der neue polnische Torwart schaffte es, die schlechten Taten von Borel noch zu übertreffen…

Als Borel dann seine zweite Chance bekam, nutzte er sie. Bis zum Saisonende spielte er überraschend stark, und die Mannschaft gewann wieder an Sicherheit. Sein vielleicht bestes Spiel bot er beim Auswärtsspiel in Dortmund, wo ich mit einem Kollegen im Gästeblock stand. Werder spielte gut mit, und Borel ließ nur einen Gegentreffer zu, sodass beim Halbzeitstand von 0:1 für uns noch alles drin war.

Wenn wir den UEFA-Cup noch schaffen wollten, sollten wir nun langsam eine Siegesserie starten. Charisteas sorgte für den Ausgleich, und dann geschah Unglaubliches. Dortmunds Torwart Weidenfeller lief am eigenen Strafraum einen Micoud-Pass ab und böllerte den Ball Richtung Mittellinie. Dummerweise genau vor die Füße von Fabian Ernst, der die Kugel gedankenschnell im hohen Bogen in Richtung des 50 Meter entfernten unbehüteten Kastens zurückdrosch. Wir standen genau hinter diesem Tor und sahen, wie Weidenfeller mit dem schwebenden Ball um die Wette lief. Aus unserer Sicht war die Flugbahn des Balles nicht sonderlich vielversprechend, nur das Tempo ließ hoffen. Das waren die längsten Sekunden meines Lebens, so lange war der Ball in der Luft. Geht er rein, oder geht er nicht rein? Mittlerweile war klar, dass Weidenfeller auf jeden Fall zu spät in seinem Tor ankommen würde, jetzt ging es nur noch um den Ball. Wir merkten, dass die Richtung jetzt doch stimmen könnte, doch gab es das Problem, dass der Ball vor dem Tor ganz sicher noch einmal aufspringen würde, so dass man Angst haben musste, er könnte durch den Aufprall über die Latte fliegen. Schmeißen Sie mal einen Ball vom Dach Ihres Hauses, dann sehen Sie, wie hoch der springt.

Unser Block schrie den Ball Richtung Tor, und dann sprang er auf, aber so rechtzeitig, um von der Unterkante der Latte noch ins Tor gelenkt zu werden! Ein Wahnsinnstor vom immer stärker werdenden Fabian Ernst. 2:1-Auswärtssieg, erste Heimniederlage für Dortmund seit eineinhalb Jahren. Anschließend siegte Werder noch durch einen schönen Heber von Micoud und mit einem erneut starken Torwart Borel an Marions Geburtstag mit 1:0 in München und fügte auch den Bayern die erste Heimniederlage seit zwei Jahren zu (damals auch gegen uns...). Das war ein schöner Geburtstag von Marion.

Das Besondere an diesem Sieg war, dass ich mich im Vorfeld gar nicht so sehr mit dem Spiel beschäftigte, sondern zu sehr mit den Vorbereitungen von Schatzis Fete zu tun hatte. Das Spiel lief nur nebenbei. Am Ende gab Marion mir den Tipp, es doch generell einfach ruhiger angehen zu lassen, dann klappt das auch mit Werder. Darüber konnte ich nur schmunzeln. Da wir jetzt wieder Hoffnung auf den UEFA-Cup hatten, steigerte ich mich direkt wieder hinein, und wir verloren prompt die nächsten zwei Spiele. Jetzt war alles aus.

Ich ließ es wieder »lockerer« angehen und verabredete mich mit Marions Bruder für Samstag 15.30 Uhr (!), um die Gestaltung unserer Restaurant-Homepage zu besprechen, ohne Videotext, ohne jeden Draht nach draußen. Als wir alles besprochen hatten, hatte Werder gerade eines der besten Saisonspiele hingelegt und Hertha BSC mit 4:2 geschlagen. Dann folgten Siege in Stuttgart und gegen die vermeintlich »bessere Perspektive« aus Schalke (Frank Rost), und wir waren einen Spieltag vor Schluss Fünfter!

Blöderweise ließ ich mich von einem Lieferanten, der Gladbach-Fan war, überreden, mit zum Bökelberg zu fahren, Gladbach gegen Werder. Beide mussten siegen, die einen, um nicht abzusteigen, die anderen, um Fünfter zu bleiben. Nun ja, Gladbach stieg nicht ab, wie auch, wenn ich am Bökelberg bin. Dreimal war ich jetzt da, dreimal gab es Haue. 4:1 verloren, und wir wurden nur Sechster, vor Schalke 04 allerdings. UI-Cup statt UEFA-Pokal.

Seitdem erreichen mich immer wieder Anfragen, ob ich nicht mit nach Gladbach fahren will, wenn Werder zu Gast ist. Nie wieder, sage ich dann. Aber wie war das mit dem »Schlauerwerden«?

KAPITEL 17

Saison 2003/04: »Jubel, Double, Heiterkeit!«

Vor der neuen Saison hatte ich die Hoffnung, dass Werder es diesmal über den UI-Cup in den UEFA-Cup schaffen würde, mit einem starken Johan Micoud, der jetzt von Anfang an dabei war, und mit den Neuzugängen, mit denen man auch zufrieden sein konnte. Aus Spanien kam der Torwart-Oldi Andi Reinke, der mit einem alten VW-Bus (!) nach Bremen düste, um Pascal Borel ein bisschen Konkurrenz zu machen. Für die Abwehr holte man den relativ unbekannten Valerien Ismael. Der Franzose war in der Vergangenheit höchstens durch sein häufiges Pendeln zwischen mehreren Vereinen aufgefallen, und das sieht in keinem Lebenslauf gut aus. Für die rechte Seite kam der ebenfalls erfahrene Türke Ümit Davala, der 2002 eine starke WM gespielt und schon so einige Titel gewonnen hatte in seiner Karriere.

Ähnlich wie Micoud ordneten sich alle drei in der Vorbereitung relativ schnell ein. Reinke machte im Wechselspiel mit Borel den cooleren Eindruck, und Ismael erinnerte in seiner Art an den früheren Abwehrchef Rune Bratseth. Und Davala schlug Flanken von rechts, die man seit Baslers Abgang nicht mehr gesehen hatte.

Dann tauchte auch noch Tino Polster auf, den ich 1994 am Bocholter Hünting getroffen hatte, der Sportreporter.

Er war ab sofort Werders erster und neuer Mediendirektor. Das fand ich ziemlich gut, denn man wusste ja, dass er ein waschechter Werder-Fan war. Wenn Leute mit Fleisch und Blut dabei sind, ist das immer förderlich.

Im UI-Cup mussten wir nach Pasching, ein Dorf in Österreich. Das DSF übertrug dieses Spiel live, es wurde von Uwe Morawe kommentiert, der Werder, glaube ich, auch ganz gut leiden konnte.

Es wurde das schlechteste Werder-Spiel seit Autor-Gedenken. Die 0:4-Klatsche ließ Schlimmstes befürchten, so kurz vor dem Bundesligastart. Das war eine Vorführung erster Klasse, und Morawe merkte man an, wie er mitlitt und wie ihm die negativen Superlative ausgingen wegen Werders armseliger Vorstellung. Dessen Leistung war an Arroganz nicht zu überbieten, symbolisiert durch einen extrem lässig verschossenen Elfmeter von Charisteas. Die Abwehr war der viel zitierte Hühnerhaufen, und Borel, der im Wechselspielchen mit Andi Reinke wieder an der Reihe war, bekam so manchen Zappelanfall.

Der UI-Cup war nach dem Hinspiel schon vorbei. Doch auch diese peinliche Rückkehr zum »SV Widerlich« hatte etwas Heilsames:

Erstens: Das Torwartproblem war dadurch ab sofort gelöst, denn Reinke wurde zur Nummer 1 erklärt.

Zweitens: Die Doppelbelastung Europapokal war nun nicht mehr vorhanden; hat ja alles was Positives …

Drittens: Die Mannschaft war vor dem Ligastart auf dem Tiefpunkt angekommen, und keiner erwartete mehr etwas von ihr.

Viertens: Die Wiederholung eines solchen Auftretens schien unmöglich, denn so eine Medienschelte bekommt keiner gerne ein zweites Mal.

Kurz vor dem Ligastart beschloss ich, mir diese Saison vorzunehmen, jede Werder-Zusammenfassung von den Spielen aufzunehmen, um mal ein komplettes Spieljahr auf Video zu haben. Irgendwie hatte ich sonst nie die Lust dazu. In mir steckte dieser Aberglaube, dass, wenn der Videorecorder einmal mitläuft, wir natürlich direkt verlieren würden. Wahrscheinlich war mir nach »Pasching« sowieso alles egal.

Aus irgendeinem Grund hörte ich am ersten Spieltag NDR2. Werder musste bei den starken Berlinern ran und spielte wider Erwarten wie aus einem Guss! Ailton und Micoud schossen Werder zu einem grandiosen 3:0-Auswärtssieg! Pasching war vergessen, auch wenn noch das Rückspiel anstand, wo wir nur zu einem 1:1 kommen sollten. Gegen Gladbach quälten wir uns bei brütender Hitze ebenfalls nur zu einem 1:1, was aber durch einen wichtigen 1:0-Auswärtssieg in Lautern egalisiert wurde. Als Werder dann zu Hause den »FC sportliche Perspektive 04« mit 4:1 aus dem Stadion fegte, waren wir erstmals nach langen Jahren wieder Tabellenführer, und zwar völlig zu Recht!

Das war Fußball vom Feinsten, Werders Mittelfeld war in der Liga konkurrenzlos, und Ailton traf, wie er wollte. Ismael, Kristajic und Keeper Reinke gaben Werders neuer Viererkette die nötige Sicherheit. Man freute sich jetzt regelrecht auf die NDR2-Bundesliga-Show, Werder war gut, und seit ich die Spiele am Radio verfolgte, waren wir nicht zu schlagen. Es ist schön, wenn man weiß, was man zu tun hat…

Einzig Tim Borowski guckte zu dieser Zeit ein bisschen traurig, da er im Mittelfeld gegen Ernst, Micoud, Lisztes und Kapitän Baumann keine Chance hatte.

Als Spitzenreiter fuhren wir nach Dortmund. Meine kleine Schwester Marie war sogar im Stadion, mithilfe eines örtlichen Borussen-Fanbusses. Ich fuhr wegen der Arbeit nicht mit, nahm mir aber vor, da Marie im Stadion war, mir das Spiel im Fernsehen anzuschauen. Werders aktueller Fußball sah wirklich gut aus. Man beherrschte Ball und Gegner und machte den Eindruck, als ob man sich nur selbst schlagen konnte. Und das taten sie dann auch eindrucksvoll, durch ein Doppelkopf-Eigentor von Baumann und Ismael, dem armen Kerl! Dortmunds Everthon schoss den Ball freistehend nur an die Latte, und Baumann köpfte den Abpraller genau auf den Kopf des verdutzten Ismael, der den Ball reflexartig ins eigene Tor bugsierte. Das Eigentor des Jahrzehnts! Das kurioseste war aber noch, wie Everthon sich feiern ließ, nach seiner verpatzten Großchance.

Werder verlor mit 1:2 und war die Tabellenführung erst mal wieder los. Ich hatte aber gelernt, ab sofort das Radio nicht mehr zu verlassen, um weiteren Niederlagen vorzubeugen.

Das klappte auch sehr gut, mit Siegen gegen 1860 und in Köln, mit einem endlich auftrumpfenden Ivan Klasnic, der ab jetzt neben Ailton stürmen durfte.

Ich hatte jetzt ein paar Tage Urlaub und fuhr mit Matze,

der wieder zu Besuch war, zu seinen Eltern nach Rügen. Praktischerweise spielte Werder zu Hause gegen Wolfsburg, sodass wir in Bremen anhielten. Wir kamen etwas zu spät ins Stadion, da schoss Ailton schon ein Tor. Es war schon sein zweites, das 2:0! Es stand schon 1:0, als wir reinkamen, ich dachte aber, das Eckenverhältnis stünde auf der Anzeigentafel… Das war die ausgleichende Gerechtigkeit für das schnelle 4:4 in Hannover letztes Jahr. Werder siegte in einem spannenden Spiel mit 5:3, und ich durfte als Spitzenreiter nach Rügen fahren. Also, die Welt war selten so in Ordnung wie an diesen Tagen.

Auf Rügen machten wir uns eine relaxte Zeit und hatten viel Spaß. Eines Morgens machte ich den Routinecheck im Videotext. Eben schauen, ob es was Neues gibt.

»Mladen Kristajic wechselt zu Schalke 04!«

Mir stockte der Atem! Das gibt's doch nicht, was will der denn da?! Mensch, wir sind Tabellenführer, wir haben die Superburschis doch vorhin noch mit 4:1 abgeschossen. Was will der beim FC Taugenichts?

Schalke, nach einem erneut schwachen Saisonstart erheblich unter Druck, bot unserem 30-jährigen Abwehrturm ein höheres Gehalt und einen längeren Vertrag als Werder.

Am nächsten Morgen schaute ich wieder Videotext, vielleicht gab es ja noch Hoffnung im »Fall Kristajic«. Ich traute meinen Augen nicht: »Schalke 04 angelt sich Ailton!«

Ich schaute aufs Datum, aber es war nicht der erste April! Auch Ailton war dem Lockruf des Geldes erlegen und kündigte an, ab nächsten Sommer wegen der »besseren sportlichen Perspektive« nach Gelsenkirchen zu wechseln, genauso wie es Rost und Kristajic und früher Oliver Reck schon verkündet hatten.

Das war eine Bombe. Rudi Assauer hatte hinter dem Rücken aller Werder-Verantwortlichen mit zwei Korsettstangen der Bremer alles klargemacht. Werder konnte sein Angebot gar nicht mehr nachbessern. Und wollte es auch nicht; man konnte doch im Oktober 2003 nicht sicher sagen, wo man finanziell und sportlich im Mai 2004 steht. Statt Werders Entwicklung abzuwarten, wollten beide Spieler lieber sofort das höhere und sichere Geld. Ein einmaliger Vorgang in der Bundesligageschichte, dass innerhalb von zwei Tagen zwei solche Transfers geschnürt wurden. Mir war kotzübel und die Tabellenführung wertlos geworden. Das haben die neidischen Schalker ja schön hingekriegt. Der Urlaub war gelaufen.

Auf der Rückfahrt im Autoradio erlaubte sich WDR-Ikone Manni Breukmann noch folgenden Spaß: »Eine Nachricht für alle Werder-Fans: Johan Micoud wechselt… nicht zu Schalke 04.«

Ich haute vor Wut ins Autoradio, das fand ich gar nicht lustig. Denn auch über Micoud gab es Gerüchte, dass er jetzt angesäuert Werder verlassen würde, da man Ailton und Kristajic nicht halten konnte.

Am nächsten Spieltag kam der VfB zum Spitzenspiel nach Bremen, und trotz NDR2 verlor Werder mit 1:3, mit einem schwachen Ailton, der natürlich, genauso wie Kristajic, nicht besonders freundlich empfangen wurde. Ich gab die Schuld der Niederlage elegant nach Schalke weiter und hielt an meinem NDR-Ritual fest. Dafür hatte es bis zu den

Schocktransfers zu gut funktioniert. Beim 4:1-Auswärtssieg in Köln hatte ich ja endgültig »Gewissheit« bekommen, dass es am sichersten ist, die Werder-Spiele am Radio zu verfolgen. Gegen 17 Uhr, wir führten mit 3:0, entschloss ich mich, zur Arbeit zu fahren und dort die letzten 15 Minuten im Fernsehen zu genießen. Kaum hatte ich die Flimmerkiste an, rief der Premiere-Reporter: »Tor in Köln!« Nur noch 1:3. Kurz darauf bekam der heimische FC direkt eine weitere Torchance, und ich wurde nervös. Wie von Sinnen rannte ich zu meinem Auto und fuhr für die letzten Minuten zu meiner Wohnung zurück. Als ich dort das Radio wieder einschaltete, erhöhte Charisteas auf 4:1, und ich konnte jetzt wirklich wieder beruhigt zur Arbeit düsen.

Nach der »Radio-Niederlage« gegen Stuttgart glaubte ich also weiter an meine NDR2-Serie. Und an die Tatsache, dass, wenn ich live im Stadion war, sowieso nichts schiefgehen konnte.

So geschehen bei den DFB-Pokalsiegen gegen Wolfsburg und Hertha unter der Woche. Besonders der Sieg gegen Hertha war sehr amüsant, aufgrund der Tatsache, dass der Berliner Gästeblock schon nach 30 Minuten wieder leergeräumt war, da sich die Fans das Gewürge ihrer Mannschaft beim Stand von 0:3 nicht mehr ansehen konnten. Zudem stellte Thomas Schaaf bei der anschließenden Pressekonferenz wieder seinen genialen Humor unter Beweis: »Ich habe ja vor dem Spiel schon gesagt, dass man nicht immer davon ausgehen kann, dass wir trotz unseres guten Laufes in jedem Spiel vier bis fünf Tore schießen werden.« Gegen Hertha waren es ja schließlich sechs …

Vom Wolfsburg-Pokalspiel bleibt vor allem das Traumtor von Joe Micoud in Erinnerung. Werder zitterte lange mit einem 0:1-Rückstand, aber ich konnte mir einfach nicht vorstellen, dass wir in unserer guten Verfassung hier verlieren würden. Aber es hakte irgendwie, bis Ailton nach einem Zuckerpass von Micoud allein auf Jentsch zulief und ihn auf seine typische Art verlud. Die Verlängerung war gerettet, Erleichterung pur, auch wenn ich ein wenig Bedenken hatte, weil meine Begleitung, meine beiden Schwestern Marie und Lena, am nächsten Morgen zeitig zur Schule mussten.

Joe Micoud sorgte dann mit einem Traumtor dafür, dass es nicht noch später wurde. Er stand mit dem Rücken 20 Meter zum Tor, nahm einen aufprallenden Ball an, lupfte ihn über seinen Gegenspieler und schoss ihn aus der Drehung volley in den Winkel. Wir standen direkt hinter diesem Tor in der Ostkurve, es war einfach nicht zu fassen. Es war das für mich persönlich schönste Tor, das ich hier bis jetzt live gesehen habe, zumal es auch noch so wichtig war. Am Ende sorgte Charisteas noch für das 3:1, und Werder war weiter.

Nachdem ich meine Schwestern zu Hause abgesetzt hatte, fuhr ich am nächsten Morgen direkt weiter zu Marion nach Aachen und schaute mit ihr auf dem Aachener Tivoli das Pokalspiel der Alemannia gegen 1860 an, welches die Schwarz-Gelben nach Elfmeterschießen gewannen. Der Tivoli bebte, und Aachen wurde mir immer sympathischer.

Ich fand das richtig spannend, an zwei aufeinanderfolgenden Tagen in zwei verschiedenen Stadien gewesen zu sein. Wenn man sich dann die Masse Zuschauer anschaut, denkt man: Nicht zu glauben, aber wahrscheinlich bin ich hier der einzige, der gestern auch im Weserstadion war.

Werder spielte einen super Ball zu dieser Zeit, und man fing an, von Höherem zu träumen. Vor dem Spiel beim HSV war ich im Auto unterwegs, um Marion vom Bahnhof abzuholen. Auf dieser Strecke war ich beim letzten Mal geblitzt worden, worüber ich mich so maßlos ärgerte, dass ich mir die Stelle, wo die Polizisten standen, genau merkte. Als ich noch einen Kilometer vom damaligen »Tatort« entfernt war, dachte ich mir: So, Jan, gleich kommt die Stelle, also pass auf! Anschließend dachte ich aber an den nächsten Gegner, HSV, und Werders gute Tabellenkonstellation, ehe mich ein Polizist wild winkend aus meinen Meisterträumen riss... Wieder zu schnell, an der gleichen Stelle! Ich hab echt Schwein gehabt, dass ich den Beamten noch gesehen hab. Als ich ausstieg, erzählte ich ihm die Wahrheit, dass ich mit den Gedanken bei Werder war.

»Das sehe ich an Ihrem vollgeklebten Auto ...!«, sagte der Beamte augenzwinkernd.

»Sie haben aber auch ein schönes Fahrzeug«, erwiderte ich in Anspielung auf seinen grün-weißen Streifenwagen.

Die Schleimerei half nicht, und ich zahlte 30 Euro. Zum Glück war es nicht derselbe Polizist wie vor 14 Tagen, das wäre richtig peinlich geworden. Aber wie vor zwei Wochen stand Marion einsam am Gleis und wartete auf ihren viel zu späten Gatten. Ich weiß gar nicht, ob ich ihr mein doppeltes »Pech« damals gebeichtet habe, wenn nicht, dann weiß sie es jetzt.

Aber alles war egal, als Werder nach einem 3:0 gegen Rostock Herbstmeister wurde. Ich heulte, weil ich so stolz auf das Team war. Vor allem auf Valerien Ismael, der jetzt schon fließend deutsch sprach, gegen Rostock das erlösende 2:0 köpfte und so für sein Eigentor in Dortmund entschädigt wurde. Das war wieder so ein typischer »Werder-Transfer«. Ein Nobody schlug kometenhaft ein und wurde sogar zum absoluten Führungsspieler. Einen Tag später, an einem Mittwoch, besuchte ich Marion wieder in Aachen und durfte eine Niederlage des VfB in einer Sports-Bar live miterleben. Werder war jetzt nicht nur Herbstmeister, sondern hatte sogar vier Punkte Vorsprung. An meinem Geburtstag siegte Werder in Gladbach, in letzter Minute und in Unterzahl, und baute den Vorsprung immer weiter aus. Den Sieg auf dem Bökelberg schrieb ich auch meiner Abstinenz zu, denn ich hatte dort ja immer nur Niederlagen erlebt.

Es zeichnete sich ein Zweikampf zwischen Werder und Bayern ab. Und am drittletzten Spieltag fuhr Werder mit sechs Punkten Vorsprung an die Isar. Bei einer Niederlage würde es noch mal spannend werden, ein Remis wäre okay, ein Werder-Sieg würde die Meisterschaft sogar entscheiden.

Ich verfolgte das Spiel mit Marion im Bett liegend am Radio. Wir waren in unsere erste gemeinsame Wohnung gezogen, und weil die keinen Kabelanschluss hatte, konnte ich kein NDR2 mehr empfangen und musste mich mit dem WDR zufriedengeben, der natürlich hauptsächlich von den Westklubs berichtete. Von den anderen Spielen gab es nur die Toreinblendungen. Mir war es egal, denn auch beim

WDR war ich in dieser Saison bis jetzt ungeschlagen geblieben; Hauptsache Radio.

Wenn ich auf diesen 8. Mai 2004 zurückblicke, muss ich sagen, dass ich schon mal nervöser gewesen bin. Ich war ganz ruhig, aber natürlich nicht ganz frei von Magenschmerzen. Und als Klasnic, Micoud und Ailton sich zu einem 3:0-Vorsprung berauschten, drückte ich leise Freudentränen. Jetzt musste auch Marion zum ersten Mal weinen. Sie weinte aber nicht, weil das Tor von Micoud so schön war, sondern weil sie sich so für mich freute.

Wenn Marion heute auf ihr Verhältnis zu Werder angesprochen wird, sagt sie immer, sie hofft, dass Bremen gewinnt, denn dann ist in den eigenen vier Wänden eitel Sonnenschein. Das ist zwar keine Liebeserklärung an einen Verein im klassischen Sinne, aber besser als gar keine, oder?

Nach dem Gegentreffer der Bayern zuckte ich noch mal kurz zusammen, aber wenn selbst der bayrische Reporter von einer bremischen Dominanz und einer bayrischen Harmlosigkeit spricht, ja spätestens dann ist das Ding wohl gegessen. Jetzt verließ ich mit einem lauten »Deutscher Meister wird nur der SVW!« das Radio und rannte rüber zur Arbeit, um mir die Jubelszenen im TV anschauen zu können.

In der Küche angekommen, umarmten meine Mutter und meine Schwestern mich herzlich, und auch mein Vater, der Bayern-Fan, gratulierte sehr fair zur Meisterschaft. Stolz wie Oskar ging ich weiter zum Tresen der Gaststätte und schmiss noch eben eine Meister-Runde für die ersten Gäste. Das Kochen ging anschließend wie von selbst, bis ich um

22.30 Uhr wieder verschwand, um die Landung des Deutschen Meisters in Bremen am TV zu verfolgen. Danach ging ich zu einem Polterabend in der Nachbarschaft, zufällig mit einer Werder-CD in der Tasche, und schoss mich ab.

Schon am Morgen danach »verhandelte« ich mit meiner Mutter, um das nächste Wochenende irgendwie frei zu bekommen. Und das war, wie Sie mittlerweile wissen, im Mai immer ein ganz kompliziertes Unterfangen gewesen. Es war das erste Mal, dass ich um so etwas »Unvorstellbares« gebeten hatte, denn ich wollte unbedingt zum nächsten Heimspiel, um die Meisterschale zu sehen. Irgendwie kriegten wir das personalmäßig hin, sodass ich jetzt nur noch eine Karte brauchte.

Fünf Tage vor so einem Ereignis ist das relativ schwierig. Also erinnerte ich mich an Tino Polster, den ehemaligen DSF-Reporter, den ich 1994 am Bocholter Hünting »getroffen« hatte, und schrieb ihm in seiner jetzigen Funktion als Werder-Bremen-Mediendirektor mit der Frage, ob er mir irgendwie helfen konnte. Ich schilderte ihm auch, dass wir uns schon mal begegnet sind, 1994, beim Spiel Bocholt gegen Essen. Aber es kam keine Antwort. Erst Tage nach dem Spiel schrieb er mir eine nette Mail zurück, dass er als Mediendirektor »im Meisterschaftsstress gewesen sei«. Aber an das Spiel in Bocholt konnte er sich auch noch erinnern.

Schließlich fand ich über eine Anzeige doch noch eine Karte für teures Geld und düste los.

Wir verloren das Heimspiel gegen Leverkusen mit 2:6 (so viele Gegentore habe ich live noch nie reingekriegt), aber das war bedeutungslos. Diese acht Tore verkürzten lediglich die 90-Minuten-Wartezeit bis zum eigentlichen Höhepunkt, der Übergabe der Meisterschale. Dabei bewies die DFL-Spitze ein feines Händchen und beschloss vor dem Spiel, dass ausgerechnet Werder-Legende Rudi Völler die Schale an Werder-Käpt'n Frank Baumann überreichen sollte. Ausgerechnet Rudi, dem es trotz seiner 97 Tore nie vergönnt war, mit Bremen Meister zu werden. Das war Gänsehaut pur! Es war für mich auch deshalb so überwältigend, weil ich »meinen« Rudi hier im Weserstadion zum ersten Mal auf dem Rasen sah. Für mich hatte er Bremen ja viel zu früh verlassen.

Diesen Moment, als Frank Baumann unter dem wunderschönen grün-weißen Konfettiregen die Meisterschale in den Himmel streckte, werde ich, wie jeder andere im Stadion, nie vergessen. Man war so gepackt von der Freude, dass man einfach nur noch weg wollte, und zwar vom engen Sitzplatz aufs Spielfeld. Einfach rennen, toben, schreien, sich fallen lassen vor Begeisterung.

Das war aber nicht ganz so einfach. Aus Sicherheitsgründen (und vielleicht auch aus Kostengründen für einen neuen Rasen?) sehen die Funktionäre es heute nicht mehr so gern, wenn jubelnde Fans das Spielfeld bestürmen. Aber man merkte, es brodelte in uns Fans, wir konnten nicht einfach so nach Hause gehen. Deshalb versuchten immer wieder einige »Mutige«, sich an einem der vielen Wachposten vorbeizumogeln. Nach einigen erfolglosen Versuchen sah man auf einmal einen kleinen tapferen Jungen, der es bis zu einem Tor geschafft hatte. Der erste Ordner, der das bemerkte, verließ prompt seinen Posten, um ihn einzufangen, ohne zu erahnen, dass er es hier mit einem »Forrest-Gump-Imitat« zu tun hatte. Der Bub dachte gar nicht daran, sich zu ergeben, sondern spurtete raketenhaft über das ganze Spielfeld Richtung gegenüberliegendes Tor. Jetzt wurde es nicht nur dem zweiten Ordner zu bunt, nein, auch dem dritten, vierten, fünften, sechsten und siebten! Mit sieben »Türstehern« rannten sie nun dem armen, harmlosen Kerl hinterher, bis er sich siegessicher am Mittelkreis ergab. In diesem Moment hatten nämlich tausende Werder-Fans das Fehlen der Wachposten ausgenutzt und feierten nun ausgelassen die Meisterschaft auf ihrem heiligen Rasen! Endlich!

Irgendwann fing natürlich das obligatorische »Rasenzupfen« an, woran ich mich dann auch beteiligte, leider hatte ich kein Behältnis dabei und stopfte mir die ganze »Erde« in die Hosentaschen, sodass ich keinen langen Spaß mit meinem Souvenir hatte. Es war auch ein schöner Anblick zu sehen, dass auch die Leverkusen-Fans mitgemacht hatten, die wahrscheinlich froh waren, so was mal live miterleben zu dürfen. Alles ganz friedlich.

Gegen Ende dieser Rasenfete musste ich noch einmal schmunzelnd daran denken, wie ich nach der Abschiedsfeier 1999 alleine über diesen Rasen geschlendert war. So war es doch viel schöner. Wenn ich meinem Verein aber noch einen Tipp für eine eventuelle weitere Meisterschaftsfeier geben dürfte: Ich würde den Spieß umdrehen. Wenn die Spieler alle in Sicherheit sind, dann fahrt durchs Marathontor die eh vor der Nordtribüne stehenden Bier- und Würstchenwagen rein, lasst anschließend die Fans auf den Rasen und macht ein hübsches Stadionfest daraus. Wenn die Spieler geduscht sind, können sie sich ja noch auf der mittlerweile leeren Tribüne zeigen. Den Gewinn vom Bierverkauf könnte man ja in einen neuen Rasen investieren …

Am nächsten Tag ging es auf den Marktplatz, wo wir die Mannschaft auf dem Balkon abfeierten. Das war bis dahin mit Sicherheit mit das schönste Wochenende in meinem Leben, und ich denke heute noch oft da dran, da in unserer Wohnung eine Collage mit Fotos von dieser Meisterschaftsfeier hängt, die ich damals mit meinem Kumpel Philipp geschossen habe.

In diesem Meisterschaftsrausch durfte man aber nicht vergessen, dass wir zwei Wochen später auch noch das DFB-Pokal-Finale zu spielen hatten. Der Weg dorthin hatte im Viertelfinale über den Zweitligisten aus Fürth geführt. Da ich gegen Wolfsburg und Hertha zuvor auch im Stadion gewesen war, machte ich mit Matze und Werner, einem weiteren guten Freund, eine Tour in die Frankenstadt. Unterwegs tranken wir schon ein paar Bierchen, wie man es halt immer so macht.

Vor dem süßen Stadion gab es leider ein Problemchen mit einer nicht ganz so süßen Polizistin, wenn man das Geschlecht denn erkennen konnte. Der Körperbau erinnerte doch stark an den einer chinesischen Hochleistungsschwimmerin. Als ich ins Stadion wollte, forderte sie mich auf, ins Röhrchen zu pusten! Ich sagte, ich sei zu Fuß hier, ob das nottun würde.

»Pusten!«

Ich parierte, allerdings mit der Angst im Hinterkopf, wegen der zwei Liter Bier, die ich auf der Hinfahrt getrunken hatte, nicht ins Stadion zu kommen. Als sie mir den »Schnuller« wieder rausnahm, betete ich, dass die Promille-Anzeige gnädig mit mir sein würde, und schaute mich nebenbei schon mal nach potenziellen Abnehmern meiner Karte um.

»0,0, das kann nicht sein!«, schimpfte er/sie/es und wackelte an dem Gerät.

Ich sagte nur, sie solle doch mal zum Hauptsponsor ihres Vereins gehen, auf der anderen Straßenseite, die haben davon bestimmt genug auf Lager. Allerdings weiß ich bis heute nicht, ob Karstadt-Quelle solche Blasgeräte wirklich im Sortiment hat, wohl eher nicht, aber der flache Gag war es mir wert.

Das Spiel fing gut an, wir führten durch Stalteri mit 1:0. Dann aber ereilte uns ein Hauch von »Pasching«. Werder stellte das Fußballspielen ein, Ismael besorgte per Eigentor den Ausgleich, und Feinbier schoss den Zweitligisten völlig verdient in Führung! Kurz darauf flog Davala ebenfalls völlig korrekt vom Platz, und Werder war k.o. Ich stand bei nasskaltem Wetter im Gästeblock und war nur noch sauer, weil die Mannschaft nicht alles gegeben hatte, im Gegensatz zu uns Fans, die viele Strapazen auf sich genommen hatten, nämlich in der Woche den weiten Weg nach Bayern.

Als wir dann in der 90. Minute frustriert unsere Fahne vom Zaun abhängen wollten, besorgte Johan Micoud wie aus heiterem Himmel den Ausgleich! Gott sei Dank, wenigstens die Verlängerung gerettet. Als wir aus unserem langen Jubel erwachten und unsere Blicke wieder aufs Feld warfen, jubelten die Werder-Spieler immer noch, allerdings schon über ein weiteres Tor. Sie hatten Fürth den Anstoßball direkt wieder abgenommen und durch Klasnic das 3:2 erzielt. Jetzt brachen im Gästeblock alle Dämme! Jetzt waren wir nicht umsonst hier gewesen. »Berlin, Berlin, wir fahren nach Berlin!« Es wurde ein denkwürdiger Abend, vor allem weil die Unterkunft so richtig schlecht war. Aber das störte nach so einem Sieg nicht weiter.

Das Halbfinale bescherte uns ein Heimspiel gegen Zweitligist Lübeck, also ein richtig heißes Nordderby im Bremer Weserstadion. Da musste ich hin, das war klar. Das sah Werner wohl genauso und wollte mir zum Geburtstag zwei Karten schenken. Aber da fiel mir voll Entsetzen auf, dass ich an diesem Dienstag verhindert war. Ich hatte Marion schon lange vorher versprochen, sie an diesem Abend nach Bochum zu begleiten. Dort wurde ihre beste Freundin Antje aus ihrer Hebammen-Lehrzeit mit vielen anderen Damen feierlich verabschiedet mit einer fröhlichen Party. Ich habe lange hin und her überlegt, umgeben von Radio- und Stadion-Aberglauben, Versprechenhalten und Liebesbeweis. Ich entschied mich gegen Werder und für die Hebammenparty. Ließ mir allerdings Handykontakt zu Werner zusagen, um wenigstens etwas vom Spiel mitzukriegen.

Da die Fete am Anfang nicht wirklich in Schwung kam, telefonierte ich relativ oft mit Werner. Als er mir zur Halbzeit nur ein 0:1 für Lübeck vermelden konnte, reichte es mir. Das konnte nicht sein, dass mein Verein kurz vorm Finaleinzug hinten liegt und ich hier hilflos auf einem Hebammenball herumsitze! Ich verabschiedete mich von Marion und sagte, ich würde mir eine Kneipe suchen und mir die zweite

Hälfte im Fernsehen anschauen, weil ich mich hier so hilflos fühlte. Natürlich versprach ich, direkt nach dem Spiel wiederzukommen. Sie nickte es ab, alles andere hätte ja eh keinen Sinn gehabt.

Ich rannte ziemlich orientierungslos durch Bochum rum und fand nach einigen Minuten eine typische Eckkneipe, in der das Spiel auch lief. Jetzt fühlte ich mich wohler, und Werder anscheinend auch. Spätestens nach Micouds 1:1 hatte ich mich nun auch in der Gaststube als Werderaner geoutet, was aber nicht weiter schlimm war. Schlimm war allerdings, dass es mit diesem 1:1 in die Verlängerung ging und Marion weiter ohne Tanzpartner da stand.

Und dann ging Lübeck sogar in Führung, 2:1! Mist. Jetzt hab ich heute aber auch alles verkehrt gemacht!, dachte ich nur, ehe Ailton uns mit dem 2:2 erlöste. Als ich dann bemerkte, dass ich durch ein jetzt folgendes Elfmeterschießen noch später zu Party zurückkommen würde, beendete Nelson Valdez mit dem 3:2 kurz vor Schluss meine Probleme!

Wir waren in Berlin! Und ich konnte aber so was von gut gelaunt zur Party zurück. Ein Problem gab es noch: Wo war ich hier jetzt eigentlich und wo war der Partyraum? Bei dem ganzen Hin- und Hergerenne hatte ich vollends die Orientierung verloren. Der Kneipier konnte mir auch nicht helfen, und so ging ich einfach in die erste Straße direkt neben der Kneipe, immer geradeaus. Nach einigen hundert Metern kam mir die Gegend gar nicht mal so unbekannt vor, wie auch, denn diese Straße führte mich direkt in den Partyraum. Ich hätte es auf dem Hinweg um einiges leichter haben können! Da hatte ich aber richtig Glück gehabt, und die Party wurde zum Selbstläufer! Finale!

In diesem Finale, zwei Wochen nach der Meisterschaft, traf Werder – wie soll es auch anders sein – ausgerechnet auf die nette Alemannia aus Aachen, die Stadt, die in den letzten fünf Jahren in meinem und vor allem in Marions Leben eine große Rolle gespielt hat. Ein komischer Zufall. Zu Beginn unserer Beziehung ging ich für drei Jahre nach Bremen; als ich dann wieder in der Heimat war, machte sich Marion auf den Weg nach Aachen, ehe wir im Mai 2004 daheim zusammenzogen. Um den Kreis zu schließen, treffen dann just in dieser Zeit Werder und die Alemannia, die seit Ewigkeiten kein Spiel gegeneinander hatten, im Pokalfinale aufeinander. Ein Traumfinale. Müsste ich mir einen Gegner aussuchen, der Werder eventuell hätte schlagen dürfen, ich hätte die Aachener genommen.

Aber Werder siegte in einem durchschnittlichen Finale dank eines überdurchschnittlichen Doppeltorschützen Tim Borowski mit 3:2 und holte das Double 2004! Die beste Saison der Vereinsgeschichte und natürlich auch in meinem Fanleben. Es war traumhaft, auf dem Dorfschützenfest die Werder-Hymnen zu singen und ein Trikot unter dem Jacket zu tragen. Das sind die Momente im Leben, die rar sind und die es aufs Äußerste zu genießen gilt. Okay, einen kleinen kurzen Wermutstropfen gab es, als ich mit Kullertränen die Pokalübergabe im Fernsehen verfolgte und mein Vater mich von der Küche hektisch an die Theke rief. Widerwillig verließ ich den Fernseher und schaute nach, was denn los sei.

Es war nichts los, es standen nur viele schmutzige, geduldige Gläser rum. Der Moment war mir erst mal wieder geklaut geworden.

Mir wurde 1994 ja schon mal ein Pokalfinale »versaut« durch die Thekenarbeit. Ich weiß, dass in solchen Momenten keine böse Absicht dahintersteckt, aber meinen Vater, dem ich auch in Sachen Fußballwissen so viel zu verdanken habe, und mich trennen mittlerweile Welten, wenn es um Fußball-Leidenschaft geht. Vielleicht liegt es auch daran, dass er als Bayern-Fan sich nicht mehr richtig über Titelgewinne freuen kann. Wenn Werder alle paar Jahre mal einen Titel holt, ist das für mich ein Gefühl, das ich, auch wenn es eines Autors unwürdig ist, nicht beschreiben kann. Es ist nicht immer so, dass ich einen Urschrei rauslasse, sondern eher, dass ich mich innerlich so für mich und vor allem für den sympathischen Verein zutiefst freue, der den kräftig klotzenden Konkurrenten mal wieder gezeigt hat, dass es auch ohne den großen Rummel, ohne das ganz dicke Geld geht. Werder ist heute, wenn man den sportlichen Aspekt betrachtet, schon so ziemlich das erste Team hinter den Bayern. Finanziell gehört Werder allerdings nicht dorthin, wo sie sportlich platziert sind. Das lässt alleine der Standort Bremen nicht zu, da gibt es andere Metropolen wie Köln, Stuttgart, Frankfurt, Hamburg oder Berlin.

Doch von diesen Vereinen kam bis jetzt in meiner Fanlaufbahn herzlich wenig. Die kommen zusammen nicht auf so eine stolze Titelbilanz, wie Werder sie seit 1988 hingelegt hat. Lediglich Dortmund und Kaiserslautern konnten neben Werder in dieser Zeit den Bayern wiederholt Paroli bieten und die Meisterschale drei- bzw. zweimal gewinnen. Allerdings sind beide Klubs, im Gegensatz zu uns, heute ziemlich pleite, um es mal freundlich zu sagen. Wir sind immer noch gesund.

Und das müssen wir auch sein, denn unser teuerster Transfer, der jetzt im Sommer 2004 folgen sollte, betrug fünf Millionen Euro für Miroslav Klose. In Dortmund wurden auch schon mal öfter zweistellige Millionenbeträge gezahlt, von den irren Gehältern mal ganz zu schweigen. Die »Kaufkraft« von Werder war also um ein Vielfaches höher, und das ist ein Verdienst von Otto Rehhagel, Willi Lemke, Klaus Allofs und Thomas Schaaf. Otto Rehhagel sagte mal den feinen Satz: »Wenn man unsere sportliche Entwicklung betrachtet, haben wir für unsere Verhältnisse viel zu gut gespielt ...!« Und dieser Spruch ist immer noch aktuell.

Das geht so manch anderem Verein, der noch mehr Knete reinbuttert, mit Sicherheit auf den Keks. Jedes Jahr, wenn Werder prominente Abgänge zu verzeichnen hat, reiben sie sich die Hände, aber schaffen es nicht, uns langfristig zu überholen, weil wir immer guten Ersatz finden und sie selbst interne Grabenkämpfe durchzustehen haben. Ich wundere mich manchmal selbst, dass die anderen nicht intelligent genug sind, um das auch zu schaffen, was wir hier bewerkstelligen. Ich glaube, es hat auch einen Vorteil, dass in Bremen manches eine Nummer kleiner ist als z.B. in Schalke, Berlin oder Hamburg: Wenn auf dem kleinen »Bolzplatz« am Weserbogen trainiert wird, schauen nur eine Handvoll Reporter und die doppelte Menge Zuschauer vorbei. Hier ist es ruhig, wenn an der Weser ein neuer Spieler präsentiert wird, gibt man ihm Zeit, sich zu akklimatisieren, und stellt ihn nicht gleich als den neuen Messias vor. In anderen Städten wird die zu große Erwartung schnell zum Bumerang für Verein und Spieler.

Auch wenn das Jahr 2004 das erfolgreichste der Werder-Geschichte war, wird man auch jetzt keine Spinnereien aus der Hansestadt hören bezüglich der nächsten Ziele. Es wurde zwar gesagt, man würde sich freuen, in den nächsten Jahren zu den Top 3 der Liga zu gehören, aber es wurde nie gesagt, man möchte jetzt, wie es z.B. Dortmund formulierte, die Bayern vom ewigen Thron stoßen. Man muss sich halt die richtigen Gegner bzw. Vereine aussuchen.

Sich die richtigen Vereine auszusuchen, ist ja auch für Profifußballer eine Kunst, und deshalb widme ich das Double den folgenden Spielern: Frank Rost, Raphael Wicky, Torsten Frings und auch Ailton und Mladen Kristajic, die sich alle wegen der besseren »sportlichen Perspektive« gegen Werder entschieden.

Frank Rost, der für mich trotz allem der beste Torwart der letzten fünf Jahre war, wartet seit seinem Weggang zu Schalke immer noch auf einen Titel. Raphael Wicky hat mit seinem jetzigen Klub HSV, für den er das einst so hochgelobte Atletico Madrid fluchtartig verließ, schon mal den so renommierten Sommerpokal gewonnen, der kurz vor jeder Bundesligasaison ausgetragen wird, um zu testen, wie müde die Gegner noch sind. Das war's dann.

Torsten Frings wechselte 2002 zum aktuellen Meister Dortmund, um auch dort ohne Titel zu bleiben. 2004, als wir ohne ihn Double-Sieger wurden, wechselte er entnervt vom BVB zu Bayern, um dort endlich Meister zu werden. Man kann auch den leichtesten Weg nehmen …

Zu Ailton und Kristajic hab ich mich ja in diesem Kapitel schon hinreichend geäußert. Wer als amtierender Tabellenführer mit Zauberfußball keine sportliche Perspektive darstellt, ja wer dann? Man muss aber beiden zugute halten, dass sie bis zum Schluss alles für Werder gegeben haben und einen Riesenanteil am Double gehabt haben. Ailton hat es in der Stunde des größten Triumphes wohl noch gepeilt, dass er im Oktober 2003 einen großen Fehler mit der Unterschrift auf Schalke gemacht hatte, so hemmungslos, wie er geweint hat … Es ging mir runter wie Öl, als er im Mai 2004 in seinem typischen Deutsch sagte: »Ich müssen jetzt nach Schalke …« Müssen, nicht dürfen und schon gar nicht wollen …

KAPITEL 18

Saison 2004/05: Ja!

Auch die verkorkste EM in Portugal konnte meine gute Laune nicht verderben. Mein Standardsatz war immer: »Ich hab dieses Jahr zwei Titel geholt, mir tut die deutsche Blamage nicht so weh.« Außerdem freute ich mich, endlich mit Marion zusammenzuziehen, die nun glücklicherweise einen Job in der Umgebung gefunden hatte.

Trotz all der Erfolge in der letzten Saison war ich aber auch ein bisschen fanmüde geworden. Man hatte so lange auf den totalen Triumph hingefiebert und gezittert, sich dann so intensiv gefreut, dass man sich danach ein wenig leer fühlte. Das Double musste auch als Fan erst mal verarbeitet werden.

Deshalb widmete ich mich nach einigen Wochen einer anderen wichtigen, wenn nicht der wichtigsten Sache im Leben: Ich schmiedete Antrags- und Hochzeitspläne. Nach über acht Jahren Fernbeziehung war die Zeit gekommen, um meiner Liebsten Hand zu bitten, was mir auch Gott sei Dank so erfolgreich gelang, dass nun die Hochzeit geplant werden konnte. Bedingung für einen erfolgreichen Antrag war, dass er nicht im vollbesetzten Weserstadion gemacht wurde; davor warnte mich Marion in den letzten acht Jahren immer wieder, sodass eine kreative Version der klassischen »Rosennummer« in den eigenen vier Wänden ran musste.

Ich dachte jetzt nicht mehr ganz so viel an Werder, was aber immer noch nicht wenig war. Aber z.B. war ich jetzt nicht so verbissen darauf, meine Radio- und Aufnehm-Taktik unbedingt weiterzuführen, obwohl sie ja letztes Jahr so erfolgreich gewesen war. Ich besorgte mir lieber das Pay-TV, um Werder auch in der Champions League sehen zu können. Und wenn man es schon einmal hatte, dann schaute man natürlich auch die Bundesliga über das Bezahlfernsehen. Bei meinem ersten Premierespiel in der eigenen Wohnung setzte es gleich eine Niederlage in Gladbach (sogar ohne meine Anwesenheit…). Und es folgten viele weitere, sodass schnell und ein wenig übertrieben vom schlechtesten Titelverteidiger aller Zeiten geschrieben wurde. Aber Werder rappelte sich auf, und Klose, der Ailton-Ersatz, wurde auch immer besser. Werder pendelte zwischen Platz drei und sechs und hatte am 32. Spieltag fünf Punkte Rückstand auf Platz drei, der die CL-Qualifikationsspiele bedeuten würde. Wie durch ein Wunder stolperten Hertha und Stuttgart beide zusammen in den letzten zwei Spielen, so dass Werder mit Siegen gegen Freiburg und Lautern noch einen tollen dritten Platz ergatterte. Meister wurden natürlich die Bayern, mit einem Riesenvorsprung vor Schalke und Werder.

Die Blau-Weißen landeten zwar vor uns, aber sie spielten keinen schönen Fußball, und Ailton wurde dort auch nicht glücklich, so dass er sich nach einem Jahr schnell wieder verdrückte. Das war eine große Genugtuung für die Werder-Seele. Denn im Winter gab es natürlich ein weiteres »Drama«. Fabian Ernst, der sich in den letzten zwei Jahren laut »Kicker-Notenschnitt« zum besten Bremer in der Bundesliga entwickelt hatte, ging im Sommer 2005 ebenfalls wegen der »besseren sportlichen Perspektive nach Schalke 04«! Meine Wut auf diesen Verein wuchs immer mehr, denn ein modernes Stadion ist gut und schön, aber deswegen geht kein Spieler zu einem anderen Verein. Da geht es nur um die Moneten und darum, einen solide wirtschaftenden Konkurrenten zu schwächen. Wieso haben die Schalker ihn damals nicht aus der Hamburger Versenkung geholt, als der HSV ihn loswerden wollte? Weil sie kein Händchen für so etwas haben! Sie schauen lieber, wie der Spieler sich zum Star entwickelt und kaufen ihn dann mit Kreditgeldern von dem Verein ab, der ihn hochgebracht hat. Und wenn das nicht gelingt, schmeißen sie durch ihr Interesse wenigstens das Gehaltsgefüge des anderen Vereins noch durcheinander. Sollen die doch an ihren Krediten zugrundegehen. Ach ja, Fabian Ernst wird in diesem kleinen Buch auch noch schlauer werden …

Leider war er »schlau« genug, im DFB-Pokal-Halbfinale, das Werder ausgerechnet auf Schalke gegen Ailton und Co im April 2005 bestreiten musste, nach einem wirklich guten Spiel im Elfmeterschießen gegen seinen zukünftigen Klub den Ball dem Ex-Bremer Frank Rost in die Arme zu schieben. Werder war raus, obwohl es im Spiel die bessere Mannschaft gewesen war und sogar ein reguläres Siegtor von Klasnic aberkannt bekam.

Ich war auch bei diesem denkwürdigen Spiel im Stadion. Da ich das Elfmeterschießen nicht auf meinem Tribünenplatz neben all den Schalkern verfolgen wollte, schaute ich es mir auf den Monitoren der Imbissbuden im Außenbereich der Tribünen zusammen mit meinem Nachbar Dirk an. Als ich nach der Niederlage an der Glasfassade traurig zu Boden sank, rief ein Schalker: »Hey, Bremer!« Ich schaute hoch, um sein Kompliment für einen großen Pokalfight entgegenzunehmen. Dachte ich zumindest; stattdessen rotzte er mir so was von dreist ins Gesicht, dass ich es gar nicht fassen konnte. Ich saß wie ein Häuflein Elend von der Niederlage getränkt auf dem Hosenboden und wurde auch noch angespuckt!

Gewalt ist für mich ein Fremdwort, auch wenn ich manche Vereine nicht leiden kann; aber was muss man empfinden, wenn man jemanden, der am Boden sitzt, anrotzt? Trotz aller Differenzen, die ich zur Schalker Politik habe, war ich in der Halbzeit sogar in der Lage, einer Schalkerin, die mich ganz lieb fragte, meinen Meister-Schal »2004« zu schenken. Wenn die Blau-Weißen dieses Spiel verloren hätten, hätte ich ihnen trotzdem zu ihrer Leistung gratuliert. Es gibt viele, die sagen, dass das Pokal-Halbfinale zwischen Schalke und Werder das beste Spiel der Saison 2004/05 war. Ich wollte dieses Spiel jetzt nur noch schnell vergessen und hatte von Schalke erst mal im wahrsten Sinne die Schnauze voll!

In der Champions-League-Gruppenphase spielte Werder wie ein würdiger Deutscher Meister. Trotz Pay-TV versuchte ich, irgendwie Karten für die Heimspiele zu ergattern, die natürlich immer ausverkauft waren, da Mitglieder und Dauerkarten-Inhaber ein Vorkaufsrecht hatten. Werder hat um die 30.000 Mitglieder und 25.000 Dauerkarten verkauft. Die Wahrscheinlichkeit, als »normaler« Fan im

38.000 fassenden Weserstadion einen Platz zu bekommen, ist kleiner als eine eventuelle Meisterschaft von Schalke 04 – also fast unmöglich.

Es sei denn, man zockte ein bisschen. Es gab nur die Hoffnung, dass die Gastmannschaft ihr Kontingent nicht vollends an den Mann bringen konnte, aber bei namhaften Gegner wie Inter Mailand, FC Valencia und RSC Anderlecht rechnete ich nicht damit. Die »Rückläufer« wurden immer nur kurz vor den Spielen bekannt, aber im Zeitalter des Internets war ich natürlich immer auf dem Laufenden. Und tatsächlich, mal kamen 1.000 Tickets aus Valencia, 500 aus Mailand und ein paar aus Anderlecht zurück. Jetzt musste man nur noch das Glück haben, per Telefon durchzukommen, was mir auch jedes Mal gelang.

Werder musste allerdings zuerst bei Inter Mailand ran: Das war natürlich ein besonderer Moment, nach über zehn Jahren endlich wieder die Champions-League-Hymne hören zu dürfen. Ich denke, dass das für alle Werder-Fans ein beeindruckender Moment gewesen sein muss, sei es am Fernseher oder im Meazza-Stadion. Den Spielern merkte man diese Nervosität an, denn unser Mister Zuverlässig Valle Ismael flog schon nach wenigen Minuten wegen Notbremse vom Platz. Der Jubel war groß, als Reinke den Elfer noch parieren konnte, aber ebenso die Wahrscheinlichkeit, dass wir hier heute als Verlierer vom Platz gehen würden. Und so kam es dann auch, als am Ende ein kühles 2:0 für Inter auf der Anzeigetafel stand. Aber die dezimierte Werder-Elf und vor allem Andi Reinke lieferten einen großen Kampf gegen Inters vollzählige Millionenelf.

Trotzdem standen wir vor dem ersten Heimspiel gegen Valencia natürlich schon wieder unter Zugzwang. Und die Stimmung im Stadion war einfach klasse. Allein die Choreographie in der Ostkurve, die einen (Triumph-)Zug darstellte, der via Handweitergabe im Unterrang über die gemalten Wappen unserer Vorrundengegner zum Finalort Istanbul rollte. Als dann die Mannschaften zur Champions-League-Hymne einliefen, hatte ich wieder diese »Rückblicksgedanken«. Mit Tränen in den Augen kamen mir wieder Werders »Scheiß-Jahre« in Erinnerung, was mich zusätzlich bestärkte, das Momentane noch intensiver zu genießen. Mitten in dieser romantischen Gefühlswelt kam dann allerdings ein Herr namens Vicente und schoss mal eben nach zwei Minuten das 1:0 für die Spanier.

Nun war nicht nur ich, der Träumer aus der Westkurve, sondern auch die Spieler endlich wachgerüttelt worden. Jetzt mussten wir irgendwie gewinnen, sonst wäre der Traum ratzfatz beendet. Nach der Pause flog Marchena vom Platz, und der bis jetzt noch umstrittene Miro Klose besorgte das 1:1, welches die Stimmung noch energischer werden ließ. Jetzt drängte Werder immer wütender auf das 2:1, welches Charisteas fünf Minuten vor Schluss dann auch erzwang. Puh! Ein immens wichtiger Arbeitssieg, der für eine gewisse Lockerheit sorgte, die in einem Traumfußball gipfelte, als Werder im nächsten Heimspiel Anderlecht 5:1 abwatschte. Und da man auch das Spiel in Brüssel schon mit 2:1 gewonnen hatte, konnte man mit einem Heimsieg gegen Inter schon das Weiterkommen klarmachen. Leider reichte es »nur« zu einem gerechten 1:1, sodass Werder in Valencia am letzten Spieltag nicht verlieren durfte, wenn man ins Achtelfinale wollte.

Und dieses Spiel sollte zu einer richtigen Reifeprüfung für unsere Elf werden (und auch für mich vor dem Fernseher). Solche Voraussetzungen, wie z.B. der »Hexenkessel Mestalla«, das atemberaubende Stadion, das mit seinen extrem steilen Rängen wie ein Koloss mitten in der Stadt liegt, der spanische Meister als Gegner, dieses »Nicht-verlieren-Dürfen«, sorgten bei mir, wie damals '92 in Istanbul, für Übelkeit und Pessimismus. »Das ist wieder eine Nummer zu groß für uns«, redete ich mir ein und wartete auf Valencias 1:0. Doch Valencia spielte komischerweise relativ verhalten, man konnte schnell erkennen, dass sie dieses eine Tor am liebsten in der letzten Minute schießen wollten. Also hielten sich die kritischen Momente in Grenzen. Die kamen dann aber kurz vor Schluss mit Ansage: hier ein Kopfball knapp vorbei, da eine kleine Parade von Reinke. Im Nachhinein würde ich diese Szenen gar nicht mal als so gefährlich einstufen, aber in diesem Momenten bin ich zusammengezuckt, sobald der Ball in unserem Strafraum kam.

Ein Befreiungsschlag von Ismael landet in der 83. Minute dann überraschenderweise auf den alleine durchstartenden Nelson Valdez (ein Hauch von Rufer '92 ...), der die mittlerweile erhitzten Spanier mit seinem 1:0 endgültig verärgerte. Dann folgte der coolste Torjubel der Werder-Geschichte: Direkt vor der aufgebrachten Valencia-Fankurve rannte Ivan Klasnic mit Nelson zusammen zur Eckfahne und nahm sie aus der Halterung, wie man es von einem Loch beim Golfen kennt. Valdez verstand die Aufforderung und machte eine »Luft-Golfen-Bewegung« in bester Bernhard-Langer-Manier und lochte gekonnt ein, wie er es kurz zuvor bei seinem Tor auch schon gemacht hatte. Das fand ich in diesem Moment so was von abgezockt! Jetzt flippten die Spanier natürlich aus. Als Valdez mit dem Schlusspfiff das 2:0 nachlegte, brachen alle Dämme. Angulo flog wegen Spuckattacke vom Platz, Gegenstände flogen auf den Rasen, sodass der Werder-Tross zusehen musste, den Platz unversehrt zu verlassen. Selten war ich so stolz auf Werder. Bei einer Niederlage wäre alles aus gewesen, und in so einem Hexenkessel so kühl zu bleiben, dazu gehört schon Klasse. Und die hatten wir mittlerweile. Spontan fuhr ich mit Matze und seiner Freundin Nina im Trikot nach Bocholt und schoss mich ab. Den ganzen Abend lallte ich ziemlich einsam die »Nelson-Valdez-Hymne« (Melodie von »Hands up, baby, hands up«) durch die Bocholter Innenstadt.

Schön spielten wir auch im Achtelfinal-Hinspiel gegen Lyon, das wir komischerweise mit 0:3 (!) verloren. Das Ergebnis war Betrug am Fußball. Werder machte 90 Minuten das Spiel und musste anerkennen, dass andere noch eine Klasse kühler waren als wir! Lyon konterte uns eiskalt aus. Es war unfassbar. Es war nicht unser Abend und meiner schon gar nicht. Als mich auf dem Rückweg zum Auto der Hunger packte, holte ich mir an der Stadionbude noch ein viel zu teures Krabbenbrötchen für unterwegs. Als ich dann den verregneten Osterdeich hinaufrannte, rutschte ich auch noch hochkant in den Matsch. Im Flug hielt ich den rechten Arm hoch, um wenigstens das Brötchen noch zu retten, aber vergeblich. Die Belag-Seite knallte mit vollem

Programm in den tiefen Matsch, genau wie ich. Zehn Kilo schwerer und mit einer 0:3-Packung im Gepäck schlenderte ich immer noch hungrig langsam Richtung Auto. Jetzt war mir auch egal, wie spät ich heute Nacht im Bett landete, auch wenn am nächsten Tag wieder die Arbeit anstand. Ein Tag zum Vergessen.

Genau wie das Rückspiel. Man bildete (ich natürlich auch) sich ein, dieses 0:3 wie vor fünf Jahren in Lyon noch aufholen zu können, mittels einer 4-3-3-Hurra-Taktik. Lyon staunte nicht schlecht, als Werder wie von Sinnen nach vorne rannte, und hatte seinen Spaß daran. So viel Freiraum hatten sie selbst gegen einen französischen Fünft-Ligisten im Coup de France noch nicht gehabt. Mit einem 7:2 wurden wir in all unsere Einzelteile zerlegt. Einzelteile, die zusammengelegt eigentlich den Deutschen Meister repräsentierten! Eine Schande.

Unsere Hochzeit fand natürlich, oberstes Gebot, in der Sommerpause statt. Ein traumhaftes Fest, an dem meine Braut für mich natürlich im Mittelpunkt stand. Aber hier und da tauchte auch ein bisschen Werder auf. Zum Beispiel hatte meine Mutter Atti organisiert, dass Hans Sodke, ein durchgeknallter und durchgestylter Werder-Fan, mit einem noch verrückteren Werder-Auto uns vom Standesamt abholen würde. Ich hatte sein Auto schon mal gesehen. Das wäre wirklich eine Riesenüberraschung und ein Riesengag geworden. Am Konjunktiv merken sie schon, dass es doch nicht klappte. Unter Tränen erklärte mir Atti von ihrem missglückten Plan und dass Herr Sodke nicht kommen könne, da er zur Gala einer Weizenbier-Brauerei eingeladen sei und dort von Franz Beckenbauer den Preis zum »Fan des Jahres« überreicht bekäme. Just an unserem Hochzeitstag. Meine Frau war hinterher ganz froh, dass wir mit einem »normalen« Cabrio nach Hause fahren durften.

Ein kleines weiteres Werder-Detail war, dass meine Mutter und meine vier Schwestern ihre festliche Kleidung allesamt auf die Farben Grün und Weiß beschränkten, was sehr nett aussah. Als der offizielle Teil des Festes vorbei war, feierten wir mit »dem letzten Rest« in unserem Thekenraum bis morgens um 7 Uhr weiter. Am häufigsten legten wir die Meisterhymne »Lebenslang grün-weiß« auf, dicht gefolgt vom Werder-Klassiker »Das W auf dem Trikot«. Und alle haben mitgesungen, obwohl außer dem Brautpaar und meinen Geschwistern keine Werderaner mehr anwesend waren. Die sind mittlerweile alle so textsicher, weil ich die Lieder, so oft es geht, in der Kneipe auflege, wenn es etwas später wird. Und alle sagen mir, dass Werder richtig gute Fußballlieder hat. Dieses Kompliment gebe ich jetzt aus Nordrhein-Westfalen direkt weiter zu unserem grandiosen Stadionsprecher Arnd Zeigler, der für diese Werder-Lieder zuständig ist.

Und wenn dann selbst hartgesottene Schalker mitsingen, dann finde ich die blau-weiße Finanzpolitik in solchen Momenten nur noch ein klitzekleines bisschen blöd und spiele auch Lieder von denen und von anderen Vereinen. Im Endeffekt haben wir ja doch alle nur dasselbe »Eine« im Kopf. Eine Traumhochzeit ging zu Ende, die noch mal ausdrückte, wie sich mein Leben darstellt: Im Mittelpunkt steht meine Frau und meine Familie, aber Werder ist immer dabei.

In den Flitterwochen auf Barbados verhielt sich das genauso. Ich hatte mit meiner Frau eine wunderschöne Zeit auf der Insel, aber zwischendurch schlenderte ich doch oft genug zum Internetcafé, um rauszufinden, ob Werder jetzt den Abwehrspieler Naldo verpflichten würde oder nicht. Ich meine, dass das nicht unwichtig ist. Schließlich hatten sich die Bayern kurz nach der Saison Ismael geangelt, unseren Vorzeige-Profi. Man musste ja auf dem Laufenden bleiben.

Torsten Frings, der sich vor drei Jahren dagegen wehrte, ein ewiger Werderaner zu werden, war jetzt endlich auf dem Laufenden! Er kehrte nach Werder zurück! Mit den Bayern war der »Lutscher« 2005 Double-Sieger geworden, aber zufrieden war er immer noch nicht. Die riesige Medienlandschaft mit all ihren täglichen Pressekonferenzen und zahllosen Kamerateams, das war nicht die Welt des Familienmenschen Torsten F. Und als Bayern um Ismael feilschte, fiel der Name Torsten Frings. Bayern wollte Ismael, Werder wollte einen Ersatz für Fabian Ernst und Torsten Frings wieder Spaß am Fußball. Werder bekam richtig Kohle für Ismael und obendrein noch einen »Lutscher« mit in die Geldtüte. Frings war wieder da! Der heimliche Sieger dieses Deals hieß aber Manager Klaus Allofs. Der hatte durch den 2003 günstig aus Straßburg geholten Ismael einen sportlichen wie wirtschaftlichen Coup gelandet. Wer hätte das gedacht, dass ein Schnäppchen wie Ismael später einmal einen Frings mitfinanzieren sollte.

Von dem Gewinn des Ismael-Deals wurde dann auch Naldo als sein Nachfolger verpflichtet. Es hatte alles Hand und Fuß, was Werder seit einigen Jahren tat. Trotz aller Abgänge bekam man nie das Gefühl, dass da irgendwas in die falsche Richtung gehen würde. Der Sommer 2005 war ein richtig schöner.

KAPITEL 19

Saison 2005/06: K.u.K. oder doch Real?

Trotz allem tat der Weggang der Identifikationsfigur Ismael in jeder Hinsicht weh. Und auch Ernst-Ersatz Frings wurde nicht nur mit offenen Armen von den Fans empfangen, ob seiner Aussagen vor seinem Wechsel 2002 zum BVB. Aber die letzten Zweifler überzeugte er mit einem riesigen Einsatzwillen und mit einigen klugen Aussagen, in denen er von Werder und Bremen schwärmte, sodass alle verstanden, dass er seinen Weggang vor drei Jahren mittlerweile bereute. Und man merkte Frings auch auf dem Platz an, dass er sich wieder wie zu Hause fühlte. Er füllte seine Rolle im Mittelfeld so dominant aus, dass man das Gefühl hatte, er wäre nie weggewesen. Neben Frings und dem jungen Brasilianer Naldo kam noch Jungnationalspieler Owomoyela, der die gute alte Tradition fortsetzte, dass gute Hamburger Jungs nicht vom HSV verpflichtet wurden, sondern von Werder Bremen …

Und es kam das große Torwarttalent Tim Wiese aus Kaiserslautern, der sich mit Torwartoldie Andi Reinke um die Nr. 1 streiten sollte. Das Torwartduell wurde allerdings keines, denn Wiese fiel aufgrund eines Kreuzbandrisses für ein halbes Jahr aus. Im Nachhinein war ich froh, dass diese Frage so schnell geklärt wurde, damit Ruhe herrschte. Denn ein so selbstbewusster Typ wie Wiese war auch für das harmonische Werder eine echte Herausforderung. Der hätte bestimmt Dampf abgelassen, wenn er sportlich nur die Nummer zwei geworden wäre.

Mitten in diese Findungsphase des neuen Teams fiel dann die Qualifikation zur Champions League, die natürlich über das Wohl und Wehe einer ganzen Saison entscheiden konnte. Schafft man sie, nimmt man die Euphorie mit in die neue Saison, geht es schief, brennt erst mal der Baum. Der FC Everton zum Beispiel schaffte sie nicht, stürzte in der englischen Liga direkt in den Tabellenkeller und brauchte Monate, um sich halbwegs im gesicherten Mittelfeld des Rankings zu etablieren.

Werder musste sich mit dem Schweizer Meister FC Basel duellieren und versagte im dortigen St. Jakob-Park auf der ganzen Linie, hatte aber das Glück, dass wenigstens Nationalstürmer Miro Klose in bestechender Frühform war und noch zum 1:2-Endstand traf. So war für das Rückspiel wenigstens noch alles drin.

Doch auch da lief es nicht rund. Micoud verballerte früh einen Elfmeter, und Basel ließ auch nicht viel zu. Erst ein Stolpertor von Ivan Klasnic stellte die Weichen auf Sieg. Werder spielte ein paar Minuten wie entfesselt auf und führte mit 3:0! Dann kam Basel wieder mächtig auf, ohne allerdings das Tor zu treffen. Von 180 Minuten Hin- und Rückspiel war Basel 160 Minuten die bessere Mannschaft gewesen, aber Werder reichten 20 atemberaubende Minuten für die Qualifikation zur Gruppenphase. Das zeugte doch von starken Nerven.

Die geschaffte Quali sorgte nun für den erwarteten Schwung, und Werder zelebrierte Fußball, der an das gute alte Real Madrid erinnerte. Der Sturm mit Klasnic und Klose war nicht aufzuhalten, beide trafen nach Belieben, so dass die Presse sie zum K.u.K.-Sturm ernannte.

Werder holte aus den ersten fünf Spielen 13 Punkte, und man hatte das Gefühl, dass Micoud und Co nicht aufzuhalten waren. Zumindest hatte ich es und beschloss tatsächlich zuversichtlich, zum Auswärtsspiel nach Mönchengladbach zu fahren. Jetzt war es an der Zeit, meine miese Gladbach-Bilanz aufzupolieren. Ich war sogar so selbstbewusst, dass ich mit einem hiesigen Gladbach-Fan-Bus zum Borussen-Park fuhr. Im Gästeblock angekommen, fühlte ich mich bestätigt. Werder zelebrierte, spielte wie aus einem Guss und führte schnell mit 1:0! Meine erste Führung in Gladbach überhaupt! Und Werder trickste weiter, Gladbachs Trainer Köppel schien kurz vor seiner Entlassung zu stehen. Doch Werder vergaß, mehr Tore zu schießen.

Ich bekam Bammel. Normalerweise rächt sich bekanntlich das Auslassen zahlreicher Chancen. Mir war klar, dass Gladbach nicht viel besser spielen würde in der zweiten Halbzeit, aber kämpferisch war bei denen schon noch eine Steigerung drin. Und so kam es auch. Werder wurde der Schneid abgekauft, und schnell stand es durch Broich 1:1. Und Gladbach gab weiter Gas, ohne allerdings einen feinen Ball zu spielen. Aber für Werder reichte das jetzt allemal. Unter dem Druck, einen sicher geglaubten Sieg zu verspielen, blieb Kapitän Frank Baumann nichts anderes übrig, als einen harmlosen Flankenball völlig unbedrängt aus acht

Metern ins eigene Tor zu schieben! 2:1 für Gladbach, das war's! Ich konnte es nicht fassen, warum krieg ich das hier nie gebacken! Warum hab ich Werders Super-Serie zerstört, warum bin ich nicht einfach zu Hause geblieben?

Tage später erfuhr ich von einem mir bekannten Gladbach-Fan, wie er das Spiel im Fernsehen verfolgt hatte. Als er völlig niedergeschlagen von Werders Lehrstunde war, hörte er aus der Runde, dass ICH im Stadion sei. Er sagte mir, dass er in diesem Moment wusste, dass Gladbach noch gewinnen würde. Ja, besten Dank.

Anfang 2006 beschäftigte mich diese Niederlage noch ein weiteres Mal: Ich bekam Post von einem Anwalt im Auftrag von Werder Bremen! Ich war zu Tode erschrocken, als ich las, dass mein offizieller »Streitgegner« der Werder-Vorsitzende Jürgen L. Born war, mein geliebter »Borni«! Für das Spiel in Gladbach hatte ich eine schriftliche Kartenbestellung inklusive Bankverbindung usw. nach Bremen geschickt, wie ich es schon oft zuvor gemacht hatte. Ich ließ alles routinemäßig laufen, und die Karten kamen ja dann auch. Irgendwann bekam ich Wochen nach dem Spiel eine Mahnung, in der mein Name falsch geschrieben wurde, das Geld könne »nicht abgebucht werden«! Ich schrieb eine Mail an den Verein, sie sollten meinen Namen richtig schreiben, dann würde die Abbuchung schon klappen. Daraufhin bekam ich keine Antwort. Monate später, also Anfang 2006, folgte dieses Anwaltsschreiben; statt 54 Euro sollte ich jetzt 160 Euro bezahlen, sonst würde Werder Ärger machen! Nach endlosen Telefonaten stellte sich heraus, dass sie meine Kontonummer falsch entziffert hatten oder ich sie unleserlich geschrieben hatte. Trotzdem war ich wütend auf den Verein. Erst mal kann das in meinen Augen nicht sein, dass ein jahrelanger Kunde (ich sage bewusst nicht Fan) von Tickets und Fanartikeln direkt abgemahnt wird, ohne mal vorher nachzufragen, ob in diesem Falle eventuell beim Ausfüllen des Bestellformulars ein Fehler unterlaufen war, da die Abbuchungen sonst immer geklappt hatten. Dann wurde auf meine Mail nicht geantwortet, was ich sehr unhöflich fand. Wenn eine »Hotline« schon ständig besetzt ist, sollte wenigstens die Verwaltung der E-Mails funktionieren.

Das war überhaupt nicht das Bild, das ich von Werder hatte. Und ich fühlte mich richtig schlecht deswegen. Es war praktisch eine Glaubensfrage. Hier ging es nicht um sportliche Erfolge, sondern um die komplette Basis einer Vereinsliebe. Hatte man sich denn jahrelang getäuscht in der Philosophie des »Familienvereins« Werder Bremen? Wissen die nicht, dass ich zu jedem Spiel 520 Kilometer Gesamtstrecke fahre, dass ich wegen Werder drei Jahre eine Fernbeziehung zu meiner Freundin und jetzigen Frau geführt habe? Dass ich einen handgeschriebenen Brief von Willi Lemke habe? Dass ich in meinem Heimatdorf als der Werderaner überhaupt gelte, der mit wenigen Mitstreitern versucht, Werder positiv darzustellen, umzingelt von all den Westvereinen? Ich behaupte, dass Werder Bremen ohne mich, den Kneipenjungen, in unserem Dorf Dingden nicht annähernd eine so große Rolle spielen würde. Die anderen wenigen Fans hätten ohne dieses Lokal auch gar nicht die Plattform, die Werder-Raute zu zeigen, geschweige denn vor so vielen Leuten »ungestraft« Werder-Lieder aufzulegen! Ich will mich jetzt nicht zu groß machen, aber ich denke schon, dass ich zumindest in meinem Umfeld einiges für Werders gutes Image getan habe, und zwar sehr, sehr gerne.

Eines Nachts kam es sogar vor, dass meine Schwester Lena mich aus unserer Kneipe anrief, ob ich nicht rüberkommen möchte. Sie würde gerade mit ihrem Freund Tobias, Schalke-Fan, und zwei weiteren Gästen, Bayern-Fans, eine kleine »Werder-Fete« machen. Man muss sich das mal vorstellen, da grölen drei direkte sportliche Konkurrenten mitten in der Nacht Lieder wie »Wir sind Werder Bremen« oder »Werder Bremen – lebenslang grün-weiß!«. Dass diese Leute die Lieder schön finden und auch ohne mein Beisein singen, das ist natürlich das musikalische Verdienst der Band »Afterburner« bzw. von Sänger Arnd Zeigler. Aber dass sie diese Songs überhaupt kennen, dafür hab ich bei meinen Thekendiensten erst gesorgt. Und wie gesagt, unser Restaurant ist beileibe keine Werder-Kneipe, wo die Leute auf diese Lieder warten. Am Anfang hat mich das sehr viel Mut gekostet, Werder-Lieder aufzulegen (ich spielte vorher immer ein Schalke-Lied und nach dem Werder-Song auch, damit »Ruhe« herrschte...), jetzt ist es ein Arbeitsritual geworden.

Als ich meine »Rolle« einer lieben Mitarbeiterin der Werder-Buchhaltung in einem Brief beschrieb, ging es allerdings ruckzuck. Werder Bremen verzichtete auf die Anwaltsforderungen, und ich zahlte ausschließlich die Ticketpreise. Als ich diese Nachricht bekam, fiel mir ein selten großer Stein vom Herzen, ich hüpfte durch die Wohnung und stellte sofort einen Antrag auf Werder-Mitgliedschaft! Da war sie wieder, meine heile Werder-Welt! Jetzt konnte ich pünktlich zum Rückspiel ein halbes Jahr später die Gladbach-Niederlage endgültig abhaken …

Am Ende der Hinrunde landete Werder auf einem guten dritten Platz, übrigens sehr deutlich vor Schalke 04, schönen Gruß an Fabian Ernst! Werders Fußball machte auch in der Rückrunde mit kleinen Unterbrechungen, die zu einem zwischenzeitlichen Abrutschen auf Platz vier führten, richtig Spaß. Durch einen furiosen 5:3-Auswärtssieg in Duisburg, bei dem ich sogar meinen alten Kumpel Sven aus der Bremer Zeit nach sechs Jahren auf der Tribüne wiedergetroffen habe, wurde der wichtige dritte Platz gesichert. Ein schöner Zufall war es auch, dass in der MSV-Arena meine kleine Schwester Marie dabei war, mit der ich zusammen 2002 das erste Spiel von Micoud für Werder gesehen habe und an diesem 3. Mai 2006 auch sein letztes, da er für die letzten zwei Spiele gesperrt wurde. Er wechselte leider nach der Saison zurück in die französische Heimat.

Werder zauberte mit einem überragenden Miro Klose auch ohne Micoud weiter. Zwei Spieltage vor Schluss hatte Werder fünf Punkte Rückstand auf den HSV, der uns am letzten Spieltag zu Hause empfing.

Nach dem Duisburg-Spiel wurde Köln mit 6:0 zerlegt, und der HSV verlor in Berlin mit 2:4. Werder hatte nun ein Endspiel in Hamburg um Platz 2. Wieder so ein Nervenspiel am Ende einer Saison. Platz 2 bedeutete die direkte Qualifikation für die Champions League ohne irgendwelche stressigen »Basel-Spiele« vor der nächsten Saison – und finanzielle Planungssicherheit.

Und tatsächlich, K.u.K. waren wieder zur Stelle! Klose und Klasnic sorgten für ein 2:1, Werder war Zweiter! 2004 Meister, 2005 Dritter, 2006 Vizemeister! So eine gute Drei-Jahres-Bilanz hatte es in Werders Bundesligageschichte noch nie gegeben.

Und dann gab es ja auch noch diese kleinen Unterbrechungen in der Liga, im Frühjahr 2006. Und die hingen mit den zwei anderen Wettbewerben zusammen, in denen Werder ja noch vertreten war.

In der Champions League 2005/06 spielte Werder mit Barcelona, Athen und Udine in einer Gruppe. Aufgrund der Übermacht des FC Barcelona hieß das Ziel Platz 2. Im ersten Spiel gegen Barça zu Hause hielten wir sehr gut dagegen, verloren aber »lyonartig« mit 0:2. In Athen spielten wir »baselartig« und verloren ziemlich dämlich mit 1:2. In Udine fingen wir kurz vor Schluss noch das 1:1 ein und waren damit immer noch sieglos. Die Medien hatten sich schon von Werder verabschiedet. Ich hatte allerdings immer eine einfache Rechnung: Barcelona schlägt uns alle. Wir schlagen zu Hause Athen höher als 2:1, dann hätten wir den entscheidenden »direkten Vergleich« gegen sie gewonnen. Gelingt uns gegen Udine ein realistischer Heimsieg, haben wir auch gegen sie den direkten Vergleich gewonnen und sind Zweiter. Zuerst schlugen wir Udine in einem völlig verrückten Spiel mit 4:3. Ich war nicht im Stadion, aus zeitlichen Gründen. Stattdessen verfolgte ich über mein Satellitenfernsehen mithilfe der Radiofunktion zusammen mit meiner Frau das Spiel. Das Pay-TV hatte ich gekündigt, da ich nicht damit gerechnet hatte, dass Werder sich für die Champions League qualifizieren würde im Sommer 2005. Ich konnte mittlerweile wie früher NDR2 und Radio Bremen über die Schüssel empfangen, das war mir fast noch lieber als Pay-TV. Wenn man allerdings über den Receiver Radio hört, muss man einen schwarzen Bildschirm in Kauf nehmen, da man ja nicht gleichzeitig mit dem Gerät fernsehen kann. Versuchen Sie mal einer Frau einen Abend schmackhaft zu machen, an dem 90 Minuten auf einen schwarzen Monitor gestarrt wird und das Radio läuft! Ich schaffte es allerdings, indem ich Marion versprach, ihr während des Spiels den Rücken zu kraulen.

Es fing super an, wir führten schnell 3:0, und ich erinnerte mich an meine gute Radiobilanz aus der Double-Saison. Davon hatte Udine allerdings nichts gehört und sorgte innerhalb von fünf Minuten für ein 3:3! Ich war regungslos! Das wäre unser Aus gewesen. »Kraulen nicht vergessen!«, schimpfte Marion. Meine nächsten »Zärtlichkeiten« belohnte Micoud prompt mit dem 4:3-Endstand! Udine war geschafft!

Das nächste Spiel fand in Barcelona statt, im legendären Nou Camp. Und ich war dabei! Das Stadion hatte ich schon zweimal besichtigt. Beim ersten Besuch dort sah ich noch Bernd Schuster beim legendären »Johan-Gamper-Pokal« für Barcelona tricksen, als wir 1987 auf Familienurlaub waren im »Dali-Dorf« Cadaques. Damals wusste ich aber noch nicht zu schätzen, in was für einem Tempel ich mich gerade befand. Beim zweiten Besuch 1995, als wir auf

Mannschaftsfahrt waren, wirkte es schon imposanter mit seinen riesigen drei Rängen, auch wenn die Schüssel leer war. Nun, Ende 2005, verbrachte ich zusammen mit meiner Mutter drei schöne Tage in der katalanischen Metropole. Sie hatte mir zum Schulabschluss 1996 eine kleine Städtetour geschenkt, die wir aus zeitlichen Gründen noch nicht gemacht hatten. Nun fanden wir, es sei der richtige Moment zur »Einlösung« gekommen.

Es fing schon kurios an: Ich verabredete mich mit Atti, dass sie für ein paar Stunden für sich blieb und ich mich auf die Suche nach der »Werder-Horde« machte, um mich einzustimmen. Kaum hatte ich das Hotel verlassen, läuft mir mein alter Chefpatissier, Herr Hauptmeier, in die Arme. Mitten auf der Ramblas, was für ein Zufall. Leider reichte die Zeit nur für einen »Small-Talk«, denn er war mit seiner Frau gerade auf »Shopping-Tour«. Es war aber direkt ein besonderes Gefühl, man merkte, man ist hier nicht alleine. Diese Stadt ist für mindestens 24 Stunden in grün-weißer Hand. Da schlendert man nun über die Ramblas und bekommt von vielen, vielen Gleichgesinnten, die mit Schal und Trikot unterwegs sind, ein Augenzwinkern oder ein zustimmendes Nicken. Im Laufe der Stunden wurden sie immer mehr, und das fühlte sich gigantisch an. Wir, der SV Werder, sind endgültig wieder in Europa angekommen. Barcelona statt Pasching!

Es war schon beeindruckend, mit 6.000 Bremern über die Ramblas zum Stadion Nou Camp zu pilgern oder durch eine lustige Sitzblockade den Verkehr am Plaza de Catalunya lahm zu legen. Natürlich in freundlicher Zusammenarbeit mit der spanischen Polizei. Lustig war es auch in der

Nacht vor dem Spiel, als ein paar Werder-Fans von Anwohnern aus der zweiten Etage wegen »Lärmbelästigung« mit Wassermassen aus Eimern beruhigt wurden ...

Als wir dann am Nou Camp ankamen, kam man sich fast vor wie im Knast. Bei der ersten Kontrolle auf dem Stadionvorplatz wurden erst einmal Männer und Frauen getrennt. Anschließend ging es die viel zu engen Treppen zur Gästetribüne hoch, sodass sich 6.000 Werderaner festquetschten, Stau! Grund dafür war nicht nur der Bau an sich, sondern auch die Dämlichkeit eines Weltklubs, der es nicht für notwendig sah, mehrere »Gates« zu unserem Gästeblock gleichzeitig zu öffnen, sondern immer nur einen. Entweder hatten sie zu wenig Personal, oder sie haben nicht mit 6.000 Bremern gerechnet, aber man sollte ja eigentlich wissen, wie viel Tickets man verkauft hat. Ziemlich erschöpft kamen wir schließlich auf unseren Plätzen an.

Das Stadion war bis zum Anpfiff quasi unser Stadion, wir waren alleine. Erst mit Erklingen der imposanten »Barça-Hymne« füllten sich die Plätze der Spanier rasch. Aber Stimmung, Fahnenmeer? Fehlanzeige. Lediglich wenn der einzigartige Ronaldinho an den Ball kam, schrien 80.000 »olé!« Das wirkte allerdings. Aber ansonsten kam die Stimmung nur von uns, die dennoch kein Bremer Spieler mitbekommen haben dürfte, so hoch und weit waren wir vom Spielfeld entfernt. Wir konnten sie auch nur an ihrer Position oder Ballbehandlung erkennen. Torwart Andi Reinke demonstrierte die Entfernung zu uns, indem er mit den Händen in unsere Richtung ein Fernrohr darstellte, als er sich nach Spielende für die Unterstützung bedanken wollte ...

Das Spiel lief nicht so schlecht; vor allem nachdem Borowski Gabris Führungstor per Elfer ausgeglichen hatte, schnupperten wir an einer Sensation. Aber als Ronaldinho mal kurz ernst mit uns machte, verloren wir, wie erwartet, mit 1:3, aber es war trotzdem ein bleibendes Erlebnis.

Viel wichtiger war es nun, Athen zu besiegen und dass Barcelona auch sein letztes Spiel gegen Udine gewann. Auf Werder war Verlass, 5:1 wurde Panathinaikos aus dem Weserstadion gefegt, aber in Udine stand es fünf Minuten vor Schluss immer noch 0:0. Werder wäre jetzt raus gewesen. Doch dann traf Barcelona zweimal, und als die Nachricht im Weserstadion die Runde machte, brachen wieder einmal alle Dämme! Werder war Gruppenzweiter.

Wir zogen das große Los, Juventus Turin. Für das Hinspiel in Bremen gab es natürlich keine Karten mehr. Aber ich musste dahin. Im Internet ersteigerte ich zwei Top-Sitzplätze für den dreifachen Preis. Das zweite Ticket war für meinen Schwager, den Schalke-Fan. Er wollte unbedingt mal ins Weserstadion. Wenn schon, denn schon, dachte ich. Dann soll er auch einen richtigen Werder-Abend mit Juve erleben. Er hat sich riesig gefreut, und spätestens da war es mir die teure Investition wert gewesen. Also ab nach Bremen.

Vom Anstoß weg legte Werder sofort sein gepflegtes Kurzpassspiel hin und setzte die überraschte Juve-Dame unter Druck. Schulz sorgte auch für das verdiente 1:0 zur Pause. Die Stimmung war gigantisch. Juve tat nur das Allernötigste, ging aber trotzdem 2:1 in Führung. Unfassbar! Wieder so ein »Lyon-Anfall«! Doch Werder berappelte sich und schoss in den letzten zwei Minuten noch zwei Tore zum 3:2! Wahnsinn! Besser hätte mein Schwager den Mythos Weserstadion nicht kennen lernen können.

Auch im Rückspiel ging Werder völlig verdient durch Micoud mit 1:0 in Führung. Wahnsinn, Werder führt in Turin! Ich verfolgte das Spiel mit Frau und Nachbar Dirk in unserem Lokal, welches ja mittwochs wie gewohnt geschlossen war. Der Jubel war groß, bis der Ausgleich fiel… Werder wackelte jetzt, aber Tim Wiese, der mittlerweile den verletzten Reinke im Tor vertrat, machte das Spiel seines Lebens! Er hielt Schüsse aus drei Metern Entfernung oder noch näher. Die Italiener verzweifelten an ihm, bis sie ihre Angriffslust verloren. Ich spürte, dass Juve jetzt in den letzten fünf Minuten resignierte, sie konnten nicht mehr, und Werder verdiente sich das 1:1. Der größte Sieg der Vereinsgeschichte war zum Greifen nah.

Als wieder eine einfallslose Flanke in den Armen von Tim Wiese landet, atme ich tief durch und balle die Faust. Wiese macht noch eine Boden-Rolle mit dem Ball, um die Situation zu beruhigen, und dann … lässt er ihn wieder los! Einen Moment später liegt der Ball in unserem leeren Tor, 2:1 für Juve, in der 85. Minute! Wie von Sinnen renne ich nach draußen und fange an zu schreien, und zwar übelste Schimpfwörter Richtung Tim Wiese, die nicht jugendfrei sind. Die Pulle Bier, die ich noch in meiner Hand bemerke, pfeffere ich mit vollem Elan auf unseren Parkplatz. Alles muss raus! Ich bin wie in Trance. Ich sitze auf einer Mauer und registriere spät, dass Marion neben mir sitzt.

»Beruhig dich doch!«, versucht sie mich zu trösten.

»Ein blöder Fehler, und alles ist aus! Das gibt es doch nicht!«, schimpfe ich.

Fix und fertig gehe ich allein nach Hause und will nur noch ins Bett. Nichts sehen und hören.

Am Tag danach ging es dann richtig rund. Abends am Tresen erzählte mir mein Nachbar Dirk, dass ein Gerücht durch das Dorf gehen würde. Und zwar, dass ich und Marion uns trennen würden. Wir hätten uns gestern Nacht auf dem Parkplatz ordentlich gezofft, es sollen sogar Flaschen zu Bruch gegangen sein! Ein Pärchen aus unserer Nachbarschaft hatte das gesehen und gehört und dann bei ihm nachgefragt.

»Was ist los, Scheidung?«, fragte ich Dirk. »Hast du wenigstens die Sache aufklären können, du warst doch gestern auch hier?«

»Jo, ich hab gesagt, dass wir Fußball gucken waren und Werder verloren hat und dass das der Grund für deinen Zorn war. Die Nachbarn waren sehr erleichtert, das zu hören …«

Was sollten die Nachbarn auch denken bei den Scherben und meiner Wortwahl: »Ein Fehler, und alles ist aus …!« Wenn man nicht weiß, dass Werder gerade spielt, klingt das in der Tat etwas doppeldeutig. Das war jedenfalls der Moment, in dem ich gedacht habe, ich sollte doch mal ein Buch schreiben …

Tim Wiese war jetzt erst mal die Wurst der Nation. Und Werder brauchte einige Spiele, um das zu verdauen. Und verspielte in dieser Phase die mögliche Meisterschaft. Am Ende war man wirklich froh, wenigstens Platz 2 noch zu ergattern, obwohl wir den besten Fußball der Liga gespielt hatten. Mit diesem Juve-Schock war einfach nicht mehr drin gewesen.

Im DFB-Pokal schieden wir ebenfalls auf kuriose Art und Weise aus. Werder kam mit den irregulären Verhältnissen im »Eisstadion« von St. Pauli nicht klar, Klose verletzte sich auf diesem seifigen Untergrund schwer an der Schulter und fehlte für einige Wochen. Das Spiel, das aufgrund von Werders heftigem Protest heute nicht mehr angepfiffen worden wäre, endete 3:1 für den Drittligisten FC St. Pauli. St. Pauli war auf diesem Boden die bessere Mannschaft, was aber nichts daran ändert, dass dieses Spiel ein Angriff auf die Gesundheit der Spieler war. Fußball war das auf keinen Fall, selbst die Zauberer von Brasilien hätten an diesem Tag dort verloren! Werders Frühjahr 2006 war kein schönes. Gott sei Dank wendete sich mit dem Sieg in Hamburg am letzten Bundesligaspieltag alles noch zum Guten.

KAPITEL 20

Saison 2006/07: Der gereifte Fan

Mit der Vizemeisterschaft im Rücken ging es nun voller Vorfreude in die WM in Deutschland. Seit einiger Zeit hatten mein Freund Matze und ich schon zwei Karten für ein Achtelfinalspiel in München ergattert, sogar mit deutscher Beteiligung, sollte die DFB-Elf Gruppensieger werden.

Am Tag nach dem 4:2-Sieg im Eröffnungsspiel gegen Costa Rica stellte ich mich als »Tim-Wiese-Imitat« (seinen Juve-Patzer hatte ich ihm längst verziehen, da er im Saisonendspurt sensationell gehalten hatte) mit einem rosa T-Shirt ins Tor von Marions Hobby-Fußballtruppe bei einem Kleinfeldturnier. Ich zog die Torwartposition vor, um das Verletzungsrisiko zu mindern, man denkt ja auch an den Betrieb. Unsere Truppe schlug sich wirklich gut, und wir qualifizierten uns für die Finalrunde. Im letzten Gruppenspiel allerdings trudelte beim Stand von 3:1 für uns in der letzten Aktion ein Rückpass auf mich zu, dem ich schnell entgegenkam. Unglücklicherweise hielt es der gegnerische Stürmer immer noch für immens wichtig, an diesen Ball zu kommen, und grätschte ziemlich hölzern mit beiden Beinen in mich rein. Seine beiden Füße auf meine beiden Knöchel. Ich schrie laut auf, wälzte mich vom Feld und begann, mit Eisakkus meine Knöchel zu kühlen. Der rechte wurde auch wieder normal, nur der linke blieb dick. Nach (zu) langem Hin und Her brachte Marion mich ins Krankenhaus. Bevor ich Papa und Mama im Betrieb anrief, wartete ich lieber noch die Diagnose ab, und die war für meine (Arbeits-)Verhältnisse erschreckend! »Herr Küpper, ich gratuliere Ihnen, Sie haben sich den Innenknöchel sauber gebrochen!« Ich war völlig fertig, nicht wegen der Verletzung an sich, sondern wegen der Konsequenzen zu Hause! Der Betrieb stand jetzt ohne Koch da, weil Kollege Henric in den wohlverdienten Urlaub flog.

Nach der Blitz-OP musste ich zusehen, das Drama zu verarbeiten. Meine Mutter konnte mich doch sehr aufbauen in den ersten Telefonaten am Krankenbett, als sie mir zusicherte, dass zu Hause alle klarkommen würden und ich sehen solle, wieder gesund zu werden. Dann fiel mir ein, dass ich mich ja jetzt richtig auf die WM freuen konnte, keine Arbeit mehr, nur in Ruhe Fußball gucken. Ein schwacher Trost, aber hilfreich. Dann kam ein Anruf von Matze, der spontan einen sehr lukrativen Job als Koch auf einem Luxusboot angenommen hatte, was zur Folge hatte, dass auch er in München nicht dabei sein konnte, genau wie ich mit meiner Verletzung. Da hatte man einmal im Leben das riesige Ticket-Glück und konnte es doch nicht wahrnehmen. Wir machten Matzes Patenkind und dessen Vater mit den Karten eine große Freude und hakten das Achtelfinale ab.

Die WM wurde für mich so zu einem Fernseh-Sommer, ohne irgendeinen WM-Ort besucht zu haben. Trotz aller Hysterie (»So eine WM kommt nie wieder!«) kam ich damit ganz gut klar. Ich denke, dass ich mit 18 oder 19 Jahren da ganz anders reagiert hätte. Und eines wurde mir während des »Sommermärchens« immer wieder bewusst: So schön Deutschland-Siege auch sind, Werder-Siege haben für mich eine andere Dimension. Natürlich ist es super, wenn 82 Millionen sich freuen, aber irgendwie ist es auch langweilig, wenn Fans aller deutschen Vereine auf einmal Sieger sind. Die, die sich über deinen Sieg ärgern, wohnen in einem anderen Land und nicht direkt neben dir. Man trifft im Dorf halt selten einen Anhänger von Costa Rica oder Ecuador, den man mal eben lässig angrinsen könnte. Als Italien uns in Dortmund besiegte, tat es nie und nimmer so weh wie die Werder-Niederlage in Juve! Geteiltes Leid ist halbes Leid. Und ein Deutschland-Leid wird durch 82 Millionen geteilt, ein Werder-Leid nur durch schätzungsweise vier Millionen echt mitfiebernde Fans, deren Laune von Ergebnissen abhängt. Also eine viel größere Portion Schmerzen für jedermann.

Mein persönlicher WM-Höhepunkt waren die ganzen Schulterklopfer nach dem Argentinien-Spiel, als meine Frau mich mit meinen Krücken und meinem Werder-Trikot durch die feiernde Bocholter Innenstadt führte, damit ich ein wenig WM-Atmosphäre schnuppern konnte. Borowski hatte Kloses 1:1 vorbereitet und einen wichtigen Elfer verwandelt, und Frings hatte Riquelme ausgeschaltet. Ohne Werders Anteil wäre das Turnier für die DFB-Elf im Viertelfinale schon beendet gewesen. Natürlich darf so was keine übergeordnete Rolle spielen, aber in der Geschichte des DFB waren es doch meist die Bayern-Cracks, die wichtige

Stützen darstellten. Auch auf dieser Ebene merkte man nun, dass Werder ein Verein auf der Überholspur geworden ist. Und die Anerkennung der Leute, ausgedrückt durch Worte wie »Hey, Bremer, danke!« oder »Miro Klose – Fußballgott!«, machte mich richtig stolz (ich überlege gerade ernsthaft, ob ich überhaupt das Recht dazu habe, aber doch, nach so viel Jahren als Werderaner darf ich stolz darauf sein ...).

Wenn ich darüber nachdenke, wie schüchtern und halbherzig früher auch in dieser Stadt mein Werder-Schal unter der Jacke hervorlugte, und wie relaxt man heute mit seinem Trikot durch die Gegend läuft, freue ich mich doch sehr über diese Entwicklung. Werder spielt immer noch an der Weser und nicht an Emscher, Lippe, Rhein oder Ruhr. Werder wird mittlerweile aber auch in diesem meinem Umfeld (und darüber hinaus) sehr geachtet und respektiert, aufgrund seiner sportlichen und wirtschaftlichen Leistung und der schönen Art, offensiven Fußball zu spielen. Ich kann mich nicht daran erinnern, wann mir das letzte Mal ein »Was ist grün und stinkt nach Fisch – Werder Bremen!« (was vor Jahren noch gang und gäbe war) an den Kopf geschmissen wurde.

Ziemlich schnell nach der WM drehte sich sowieso alles wieder um Werder. Micoud musste ersetzt werden. Ich vermisste ihn schon jetzt. Manager Klaus Allofs fand den Ersatz für den »Zidane-Ersatz« auf der Ersatzbank des FC Porto. Finden Sie auch, dass das sehr vielversprechend klingt?! Sein Name: Diego, 21-jähriger brasilianischer Spielmacher. Natürlich war er technisch exzellent, aber ob das reichte im »Haifisch-Becken Bundesliga«?

Man hatte mittlerweile Vertrauen in Klaus Allofs und Thomas Schaaf. Allerdings bekam ich in einem anderen Fall etwas Magenschmerzen bezüglich Werders Transferpolitik: Die gesamte Rückrunde 2006 hatte Werder die beste Abwehr der Liga, was ein großes Verdienst von Frank Fahrenhorst war. Der Innenverteidiger bildete mit Naldo ein sehr gutes Gespann. Werder hatte sich aber in den jungen Hannoveraner Peer Mertesacker verguckt. Eigentlich hatten sich alle Bremer in ihn verguckt, seine coole, ruhige Ausstrahlung und sportliche Qualität passten zu Werder wie der Deckel auf den Topf. Es war schon klar, dass der momentan verletzte »Merte« 2007 auf jeden Fall kommen würde, aber Schaaf wollte ihn sofort. Das wiederum kostete Geld (man spricht von fünf Millionen Euro), und Hannovers Trainer Neururer stimmte nur zu, wenn er adäquaten Ersatz bekommen würde. Lustigerweise bestand er auf unserem Fahrenhorst, der gar nicht weg wollte aus Bremen. Auf jeden Fall klopften Schaaf und Allofs ihren Abwehrmann weich mit Methoden, die ich nicht wissen möchte. Trotz aller vorherigen Aussagen war Fahrenhorst auf einmal »froh«, in Hannover zu sein, und Mertesacker war bei Werder, allerdings verletzt. In den ersten fünf Spielen hatte Werder weder einen Fahrenhorst noch einen Mertesacker und fünf Millionen Euro weniger auf dem Konto. Menschlich fand ich es nicht astrein von Werder, andererseits hätte man »Fahne« auch gerne behalten, wie man oft genug betonte, wenn Neururer ihn nicht unbedingt gewollt hätte.

Die Geschichte Fahrenhorst ist nun schnell erzählt: Er spielte am Anfang in neuer Umgebung schlecht, 96 verlor,

Neururer wurde ratzfatz gefeuert, und der neue 96-Coach Hecking setzte ihn erst mal auf die Bank, während Fahrenhorsts Ex-Kollegen Champions League spielten …

Da ich ja seit Anfang des Jahres Werder-Mitglied war, bekam ich auf ganz regulärem Weg zwei Ticket-Pakete für alle drei Werder-Heimspiele in der Champions-League-Gruppenphase. Ich zahlte für ein Paket 80 Euro, pro Heimspiel also 27 Euro. Ein humaner Preis, wenn ich da an meine Juventus-Karten denke. In dieser Hinsicht hatte sich die Mitgliedschaft also schon mal bezahlt gemacht.

Und dann kam die Auslosung. Ich war so nervös, dass ich mir in der Nacht davor (es ist fast zu intim, es zu schreiben, aber dieses Procedere hat mir tierischen Spaß gemacht; als ich meinen Kollegen davon erzählte, nahmen sie mich endgültig nicht mehr für voll), dass ich mir also meine eigenen Lostöpfe und Mannschaftszettelchen bastelte und schon mal eine private Generalprobe der Auslosung durchführte. Auf meinem Wohnzimmertisch landete Werder in einer äußerst machbaren Gruppe mit PSV Eindhoven, Benfica und ZSKA Moskau. Der HSV hatte bei mir richtig Pech und kam mit Chelsea und Barcelona zusammen. Man glaubt ja gar nicht, wie kompliziert so eine Auslosung ist, wenn man bedenken muss, dass der und der nicht in eine Gruppe und der und der nicht an einem Tag spielen dürfen usw. …

Am Tag darauf landeten tatsächlich die Ober-Favoriten Chelsea und Barça in einer Gruppe, nämlich A! Jetzt wurden die »drittstärksten« Teams den Gruppen zugelost. »Werder Bremen goes to group … A!« Tja, nicht der HSV, nein Werder Bremen »durfte« in eine Gruppe mit diesen Dream-

Teams. Wahnsinn, Mist, Klasse, alles auf einmal dachte man da. Sportlich das Schwerste, was man kriegen konnte, denn auch der vierte Teilnehmer Levski Sofia war nicht ohne. Aber zum Schauen war das natürlich der Oberhammer. Man zahlt 80 Euro und kriegt Chelsea und Barcelona zu sehen!

Kurz vor Saisonbeginn war ich noch mit familiärer Begleitung beim Stones-Konzert in der AWD-Arena in Hannover. Praktischerweise fand hier auch später Werders erstes Saisonspiel ausgerechnet gegen »Fahnes« neuen Klub 96 statt, sodass ich an der Seitenlinie noch einen Glückscent verstecken konnte. Wenn man schon mal da war ...

Werder siegte mit einem zauberhaften Diego mit 4:2 und schlug anschließend Leverkusen glücklich durch ein Siegtor vom ebenfalls neuen Sturmtalent Hugo Almeida und stand mit sechs Punkten blendend da. Dann folgte eine empfindliche 0:2-Niederlage auf Schalke, und der Schwung war erst mal weg. Am 9. September musste Werder dann in der ersten Pokalrunde in Pirmasens ran. Völlig überheblich verlor Werder beim Kellerkind der Regionalliga Süd im Elfmeterschießen! Es war nicht zu fassen, da man so große Hoffnung auf diesen (unseren) Wettbewerb gelegt hatte. Völlig niedergeschmettert und richtig sauer stand ich nun am Herd. Dann kam auch noch meine Frau herein, gerade wenn man seine Ruhe haben möchte, so frisch nach dem Spiel. Oh, sie leidet wenigstens mit, sie weint ja ...!, dachte ich, bis sie mit mir aus der Küche ging.

»Wir sind so dämlich, Marion, gegen einen Drittligisten!«

»Jan, nichts da! Ich bin schwanger!«

Es waren tatsächlich Freudentränen, hätte mich auch gewundert, wenn Marion sich eine Werder-Niederlage so zu Herzen genommen hätte.

»Schwanger! Wahnsinn! Ohne Worte! Und wer ist Pirmasens!«

Überglücklich fielen wir uns in die Arme.

»Wann kommt es denn?«, wollte ich wissen.

»Nach meinen Berechnungen am 26. Mai«, erklärte »Schatzi«.

Fix schaute ich auf meinen Werder-Kalender, der an meinem Kühlhaus hängt, und lächelte zufrieden: »Schatz, das passt haargenau, da ist DFB-Pokalfinale, da haben wir jetzt eh Zeit …!«

Eine Erfahrung, die ich zu dieser Zeit mal wieder gemacht habe, hatte mit »werderneutralen Fußballfans« zu tun: Vor dem Hammer-Auswärtsspiel in Chelsea hörte ich von vielen Leuten in meiner Bekanntschaft Sätze wie: »Heute mal schön Werder schauen«, oder »Wir machen uns heute einen gemütlichen Fußballabend, hoffentlich bieten deine Bremer was!«

Wenn ich diesen wirklich harmlosen Satz höre, zucke ich innerlich zusammen. »Mal schön Werder schauen«, das sitzt bei mir einfach nicht drin! Und schon gar nicht in Zweisamkeit mit solchen Leuten. Ich weiß vorher schon, dass Werder nicht groß tricksen wird, sondern hoffe, dass sie sich einfach so teuer wie möglich verkaufen oder mich vielleicht sogar positiv überraschen werden. Wir sprechen hier von Gegnern wie Chelsea und Barcelona! Und wenn dann von Kollegen Kritik an meiner Mannschaft kommt, weil diese nichts nach vorne bringt, bin ich halt innerlich genervt. Ich weiß nämlich, dass ganz Fußball-Deutschland (nun ja, wer sich das Pay-TV leisten kann …) genauso denkt. Was ich sagen will, es juckt mich einfach nicht, was andere von einem Werder-Spiel erwarten, ich will einfach nur mit meiner Mannschaft das schwierige Spiel halbwegs überleben; wenn Werder zu einem Freundschaftsspiel beim 1. FC Bocholt antritt, ja, dann fahre ich auch mit der Hoffnung dort hin, ein paar schöne Tricks zu sehen. Selbst vor einem normalen Bundesligaspiel gegen beispielsweise Cottbus hoffe ich zuallererst auf einen Sieg, egal wie knapp. Ich gehe nie mit der Erwartung auf eine Werder-Zauberei ins Match. Deswegen bin ich ja kein Fan geworden.

Wenn ich selbst als »Neutraler« mit Matze ein selten wichtiges BVB-Spiel ohne Werder-Beteiligung anschauen würde, dann würde ich mit ihm ohne Ende leiden. Und nur Matze, denn er ist in diesem Moment der Chef (es ist seine Mannschaft), hat das natürliche Recht zu bestimmen, ob und wann und wie sein Verein kritisiert wird. Das ist ein ungeschriebenes Gesetz! Mir bleibt da nur ein stilles Nicken, alles, was Matze sagt, ist in diesem Fall richtig. Wenn er sagt, der BVB wird gerade verpfiffen, dann ist das halt so! In so einer stressigen Situation ist ein Besserwisser oder ein Nörgler das Letzte, was ein leidender Fan gebrauchen kann.

Matze seinerseits ist auch ein sehr guter »Werder-Gucker«. Er leidet sehr mit mir mit und macht keine schlauen Sprüche. Wenn Werder schlecht ist, habe ich es eh schon als Erster bemerkt und brauche keine zigfache Bestätigung.

Ich habe mir mittlerweile angewöhnt, nach diesem Prinzip meine Mitfahrer »auszusuchen«, wenn es mal wieder nach Bremen geht. Einen »Oberschlaumeier« oder neutralen »Erwartungsfan«, der nicht weiß, wie ich ticke, den nehme ich nicht mehr mit, wenn ich das Gefühl habe, der könnte zu viel meckern. Wenn ich ein Spiel schaue, saug ich es in mich hinein, bete für meinen Verein, feuere ihn an! Während eines Spiels groß zu diskutieren, was oder wer schlecht läuft, das kann man machen, wenn die Nationalmannschaft spielt …

Sehr gerne fahre ich mit meiner kleinsten Schwester Marie. Mariechen ist ein sonderbarer Fan. Sie ist anders, als ich es mit 15 war. Sie ist ein Fan, der seine Laune nicht von Werder-Ergebnissen abhängig macht. Es kann sogar schon mal sein, dass sie ein Ergebnis nicht mitkriegt, also nicht gerade eine »professionelle« Einstellung. Was Mariechen aber so speziell macht, ist, dass sie im Stadion abgeht wie eine Rakete! Wenn ein Ball gegen unseren Pfosten prallt, schreit sie Urlaute der Angst, wie ich sie vorher noch nie gehört habe. Wenn Werder ein Tor schießt, schreit sie genauso. Man kann an ihren Lauten tatsächlich nicht heraushören, ob uns gerade etwas Gutes oder etwas Schlechtes widerfahren ist. Und wenn Marie über etwas schimpft, sind das Worte wie »Kacke!«, »Doofian!« und kein oberschlauer fachlicher Mist, und das macht mir dann rein gar nichts aus, da ich ihr anmerke, dass sie auch vom Spiel gepackt ist und nicht normal zuschaut. Sie freut sich immer riesig, einfach dabei zu sein, und stellt keine Erwartungen fußballerischer Feinkunst. Was diese Sache noch abrundet, ist, dass Mariechen und ich bis jetzt noch nie zusammen ein Spiel verloren haben…

Nach dem Pokalspiel in Pirmasens verlor Werder auch gegen Stuttgart und erkämpfte sich in Hamburg einen Punkt. Anschließend folgte, ausgelöst durch ein sensationelles Spiel gegen den FC Barcelona (das unglücklich 1:1 endete), eine beeindruckende Serie (darunter zwei Sixpacks: ein 6:0 in Bochum und ein 6:1 in Mainz!), die uns am 7. Spieltag zum Spitzenreiter machte.

Am Mittwoch, 18. Oktober, ging es dann zum Heimspiel gegen Sofia. Für mich persönlich war es ein Spiel, auf das ich lange gewartet hatte. Denn nach jahrelangem Hoffen hatte sich die Situation ergeben, dass Werder endlich wieder ein Mittwoch-Spiel während des Bremer Freimarkts hatte, zu dem ich hinfahren konnte. Mein Werder-Nachbar Dirk hatte auch Urlaub bekommen, sodass wir völlig motiviert beim alten Freund Philipp zur Übernachtung einchecken konnten, um ein für viele normales, aber für uns absolut selten grandioses Programm zu starten: »Vorglühen« bei Philipp, anschließend per Straßenbahn von Walle bis ins »Viertel«, einen Döner zur Stärkung mit »Becks-Sauce« und gemütlich zum Stadion schlendern. Alles ohne den Stress, in einem Stau auf der A1 zu landen und nach dem Spiel direkt wieder losdüsen zu müssen.

Im Stadion angekommen, gingen Dirk und ich noch ins Werder-Museum. Ich hatte vor einigen Wochen der Bocholter Zeitung gemeldet, dass in unserem »W-useum« ein seltenes Plakat aus Werders Zweitliga-Zeit (1980/81) hinge, welches das Spiel gegen den 1. FC Bocholt (»Mit Fichtel und Kostedde!«) ankündigt. Mir wurde die Aufgabe gegeben, es bei nächster Gelegenheit zu fotografieren, sie würden eventuell einen Bericht darüber schreiben. Diesem »eventuellen Bericht« wurde zwei Wochen später tatsächlich eine halbe Seite gewidmet! Mein Nachbar und ich (in vorgeglühtem Zustand) groß abgelichtet im Werder-Trikot vor diesem Plakat und ein überraschend großer Text, in dem sogar Manni Bockenfeld (er spielte für beide Vereine) zu Wort kommt. (Wen es interessiert, der kann auf der Seite bbv-net.de den Suchbegriff »Kostedde« eingeben…) In diesem Moment waren WIR Werder. Schön.

Nach dem souveränen 2:0-Sieg gegen Sofia ging es voller Elan in Halle 5, der Großdisko des Bremer Volksfestes. Diesmal liefen uns kein Frings und Co über den Weg, sondern nur Party-Sänger Micky Krause… Nach einem Werder-Sieg ist es aber für die Feierstimmung gar nicht mal so verkehrt, wenn ein »Künstler«, wie er einer ist, sich bei seinem 30-minütigen Auftritt nur auf »Werder-Schlachtrufe« und »10 nackte Friseusen« beschränkt. Die Momente, in denen man, wie wir es später in einer weiteren Disko taten, mit vielen anderen im Werder-Trikot auf Werder-Lieder abtanzen kann, fehlen mir ungemein, da sehne ich mich schon mal wieder in meine Bremer Zeit zurück.

Als wir am nächsten Tag wieder zu Hause ankamen, ging es direkt mit Marion zum ersten Ultraschall. Ein sehr rührender Augenblick, wenn man als Mann zum ersten Mal was »Greifbares« in der Hand hält, nämlich ein Fötus-Foto. Ein wenig skeptisch wurde ich dann, als der Arzt nun seinen, den offiziellen Geburtstermin präsentierte: 19. Mai 2007. Als aktuellem Tabellenführer, der Fußball vom Allerfeinsten spielte, schoss mir direkt durch den Kopf: 34. und letzter Spieltag! Oh, Mann, ein Meisterkind?

Werder wurde tatsächlich Herbstmeister (nach einem weiteren Sixpack in Frankfurt und einem 2:1 gegen Wolfsburg), und die Schwangerschaft verlief auch sehr gut, sodass man voller Hoffnung auf den »totalen Triumph« in die Rückrunde gehen konnte. Und Werder wurde nicht irgendwie Herbstmeister, Werder war in aller Munde, weil es auch in diesem Jahr so berauschenden Fußball spielte, nicht nur Barça am Rande einer Niederlage hatte, sondern den FC Chelsea sogar zu Hause 1:0 besiegte und nur ziemlich knapp in dieser »Todesgruppe« Dritter wurde und dadurch in den UEFA-Cup gelangte. Die öffentliche Meinung hielt uns für den Topfavoriten auf den Meistertitel und nicht die Schalker, die punktgleich mit uns waren und keinen Europacup-Stress hatten (den hatten sie fast gar nicht, denn sie schieden schon in der ersten Runde aus), oder die drittplatzierten Stuttgarter.

Werders Europacup-Stress ging noch ziemlich lange weiter. Trotz einiger Verletzungssorgen (besonders tragisch waren die Nierenprobleme von Ivan Klasnic) standen wir nach Siegen gegen Ajax, Celta Vigo und AZ Alkmaar zum ersten Mal seit 1990 in einem Halbfinale in Europa. Der Gegner Español Barcelona schien machbar zu sein, aber Werder »verbaute« mir die Möglichkeit auf einen »Geburtsausweichtermin«, wenn es mal nicht am 19. Mai kommen würde … In der Summe stand ein komisches 1:5, aber irgendwie hatte man nicht das Gefühl, dass dort ein übermächtiger Gegner auf uns getroffen war. Die Probleme waren anderer Natur: Auch in der Liga hatte Werder einen Durchhänger und fiel zwischenzeitlich um sieben Punkte hinter Schalke zurück. Am 31. Spieltag waren es aber nur noch zwei, allerdings auch einen hinter den Stuttgartern, die sehr konstant spielten. Aber ich hoffte immer noch. Was sind zwei Punkte? Blöderweise hätte man allerdings schon längst durch sein können, ein 0:0 in Cottbus, ein 2:2-Gegentor in der 95. Minute in Gladbach (ohne mich, wenigstens ein Punkt...) und ein lethargisches 2:3 in Bielefeld verhinderten eine klare Tabellenführung Werders.

Es passte nicht, und die Stimmung war nicht die beste: Werder war ungewöhnlicherweise fester Bestandteil der Boulevardpresse. Es ging um die Wechselabsichten der Spieler Frings und Klose, auf die ich hier bewusst tiefer eingehen möchte. Es gehört natürlich dazu (gerade bei einem wirtschaftlich soliden Verein wie Werder), dass Spieler den Klub wechseln, auch wenn man als Fan an ihnen hängt. Das Problem in diesen beiden Fällen sind die öffentlichen Aussagen. Klose zum Beispiel gab Folgendes von sich: »Wenn ich Werder verlasse, dann nur in Richtung Ausland!«

Meine Meinung dazu: Vollkommen okay! Miro kam 2004 zu uns, und dieser Transfer war für beide Seiten ein Volltreffer. Werder gelangte auch dank seiner Tore immer in die Top 3, Miro wurde durch uns ein besserer Fußballer und WM-Torschützenkönig und möchte nun eine weitere Stufe auf der Karriereleiter steigen. Und wenn er uns diesen Sommer verließe, obwohl er noch bis 2008 einen Vertrag bei uns hat, würde Werder ordentlich Geld kassieren. Einen Wechsel in der Bundesliga zum FC Bayern, der ihn 2004 für nicht geeignet einstufte, würde auf seinem und unserem sportlichen Niveau keinen Sinn machen. Die nächste Stufe kann nur zum Beispiel Milan, Real oder Barça heißen.

Dann kam der große Auftritt des geläuterten Torsten Frings, seit seiner emotionalen Rückkehr 2005 unser Chef im Mittelfeld, überragender Akteur bei der WM: »An Miros Stelle würde ich in Bremen bleiben, hier hat er alles, was ein Fußballer braucht. Ich selbst kann es am besten beurteilen, ich war zwischendurch in München und in Dortmund.« Dann setzte »Lutscher« noch ein Stück Sentimentalität oben drauf, Gänsehaut pur: »Ich werde noch ein paar Jahre bei Werder Gas geben, und wenn die Möglichkeit besteht, mein letztes Jahr in der Heimat bei Alemannia Aachen spielen.« Ist das nicht schön? Ich glaube, die Fans würden ihn persönlich zum Tivoli bringen, denn das sind die Worte, die wir hören wollen, dass Spieler nicht nur an unserem Verein hängen, sondern auch noch wissen, wo sie herkommen.

Dann folgten erste Meldungen aus Italien: Juve will Frings! Der italienische zwangsversetzte Zweitligist, der genauso viel Tradition wie »Manipulations-Dreck« am Stecken hat und in eine Liga des Skandals, der maroden Stadien und zweitklassigen Zuschauerzahlen aufgestiegen ist, war interessiert. Welche Erwartung hat man nun als Fan, als Mensch, wenn Frings damit konfrontiert wird? Na klar, eine Wiederholung seiner oben beschriebenen Aussage! Nein, das konnte der Torsten nicht und eierte erst in Dementis herum und später durch Turin! An seinem freien Tag, mitten in der heißen Meisterschaftsendphase, schaute er sich – allerdings mit erstaunlich offener Vorankündigung – mit seiner Frau die Fiat-Stadt an. Volle Konzentration auf die Meisterschaft …

Kurze Zeit später kam folgende Meldung: Miro Klose – Geheimtreffen mit Bayern in Hannover! Zwei Tage vor dem UEFA-Cup-Hinspiel in Barcelona! Volle Konzentration auf den UEFA-Cup! Der Zeitpunkt war sehr dämlich, und dann auch noch mit den Bayern! Nur ins Ausland wollte er doch eigentlich gehen! Für viele stellt der Freistaat Bayern völlig zu Recht was Fremdes dar, aber sie spielen immerhin in unserer Liga!

Ich hatte die Schnauze voll und merkte so langsam, wie sehr der Fußball sich doch verändert hatte. Was hätten Spieler wie Eilts, Bode, Meier, Neubarth und wie sie alle hießen, dafür gegeben, bei dem heutigen SV Werder zu spielen: seit Jahren Top 3, Champions-League-Einnahmen, sehr gute Gehälter, ein schmuckes Stadion und trotzdem dieselbe Ruhe am Trainingsplatz wie früher! Werder ist eine Fußballer-Oase. Das Einzige, was es hier nicht gibt, ist vielleicht dieses ganz große Flair, welches in Europa eventuell sieben oder acht Mannschaften haben, wie zum Beispiel Real, Barcelona, Milan oder Liverpool. Wer dorthin geht, dem wünsche ich viel Glück. Wer aber das heutige Werder in Richtung eines anderen Bundesligisten verlässt, der hat keine sportlichen Gründe, sondern nur finanzielle. Und wen es zur ramponierten alten Dame Juve führt, in das kränkelnde Fußballland Italien, dem geht's auch nur um die Moneten!

Diese Unruhe nervte, und Allofs sprach erst mal im Fall Klose ein Machtwort: Vertragserfüllung bis 2008, basta! Und tatsächlich, mitten im Meisterschaftsendspurt verkündeten Werder und Klose, dass Miro bleibt. Ich war erleichtert, aber ein blöder Beigeschmack blieb, denn verlängern wollte unser »Fußballgott« seinen Vertrag denn doch nicht. Nun ja, besser als gar nichts und erst einmal Ruhe, zumindest halbwegs bis zum Saisonende. Schließlich, gegen Ende der Sommerpause im Juni, hielt Miro dennoch »Wort« und ging nach München. Trotz seiner sehr mäßigen Rückrunde ein sportlicher Verlust für Werder. Aber die Ablösesumme (mehr als das Doppelte jener fünf Millionen, die Werder 2004 an Lautern überwiesen hatte) war ein gutes Geschäft und sorgte für Spielraum für neue Spielerverpflichtungen. Wie gesagt, das Blöde an diesem Transfer war die Lügerei Kloses, dem man menschlich so etwas nie zugetraut hätte. Aber trotzdem wünsche ich Miro alles Gute für die Zukunft, denn ohne seine vielen Tore wären die letzten drei Jahre nicht so blendend verlaufen.

Vor dem 33. Spieltag kam aber aus fanpolitischer Sicht der für mich und bestimmt auch für viele andere schönste Moment dieser Saison: Torsten Frings, den fast alle innerlich schon im Juve-Trikot gesehen hatten, verlängerte im Gegensatz zu Miro seinen Vertrag vorzeitig bis 2011! In der heutigen »Söldner-Zeit« solch ein Bekenntnis von einem Weltklasse-Spieler zu bekommen, ist etwas ganz Besonderes. Natürlich hatte »Lutscher« eine üppige Gehaltserhöhung für seine Unterschrift bekommen, aber er hatte auch auf viel Geld aus Turin verzichtet. Er hat Werder zu seiner

Herzensangelegenheit erklärt. Ihm ist durch Trainer Thomas Schaaf, seinem Mentor, in einem Gespräch noch mal deutlich geworden, was er an Werder Bremen hat. Diese ganzen Fakten haben mich so manche Freudenträne gekostet! Ich hatte mir einfach nicht vorstellen können, dass Frings uns nochmals verlässt, und als er dann nach Turin dackelte, war er für mich der Obersöldner! Zumindest ist Torsten Frings ehrlich zu uns Fans gewesen. Er hat gesagt, dass er es sich mal alles vor Ort anschauen möchte bei Juventus. Das ehrt ihn im Gegensatz zu Miros Geheimtreffen mit den Bayern.

Frings wird also später nach seinem Karriereende doch in einem Atemzug mit Eilts, Bode und »Konsorten« genannt werden, was ihm vor Jahren noch missfiel. »Lutscher«, man kann dir und uns dazu nur gratulieren. Es wird deiner Vita einen unverkennbaren Stempel aufdrücken, den heutzutage nicht mehr viele bekommen. Man wird dich immer mit Werder verbinden, mit einem europäischen Topclub. Die meisten Spieler weiß man heute doch gar nicht mehr vereinsmäßig zuzuordnen, wenn sie ihre Laufbahn beendet haben. Du aber bist ein Bremer!

Mit dieser Euphorie schöpfte man jetzt doch noch Hoffnung im Titelkampf: Zwei Spieltage vor Saisonende (und Entbindungstermin …) musste Werder zu Hause gegen Frankfurt ran, bei zwei Punkten Rückstand und besserem Torverhältnis zu Primus Schalke 04. Dazwischen lag, durch einen Punkt getrennt, der VfB Stuttgart. Unsere beiden Kontrahenten mussten auswärts ran, Schalke in Dortmund und die Schwaben in Bochum. Es war klar: jetzt oder nie!

Ziemlich nervös verfolge ich mit Marion die Konferenz auf Radio Bremen. Und es geht hervorragend los: 1:0 für Bochum gegen den VfB, dadurch sind wir schon mal Zweiter, Schalke noch 0:0. Ein Tor, und wir sind Erster! Und dann »Tor im Weserstadion!« – aber für die Eintracht! Das gibt es doch nicht. Dann gleicht Stuttgart auch noch aus. Klappt denn heute gar nichts? Doch, 1:1 Aaron Hunt, alles wieder beim Alten. Und es kommt noch besser! 1:0 für Dortmund und 2:1 für Bochum zur Halbzeit! Wir brauchen »nur« noch einen Sieg!

Aber was Henry Vogt für Radio Bremen aus dem Weserstadion zu berichten weiß, klingt nicht vielversprechend, Eindrücke wie »schwere Beine«, »ideenlos«, »konterstarke Frankfurter« lassen erahnen, dass uns heute nur der Zufall helfen kann. Tja, aber selbst der ist auf Frankfurter Seite, denn ausgerechnet Naldo (der gerade seinen Vertrag verlängert hat) unterläuft noch ein unglückliches Eigentor zum 1:2. In mir selbst erlischt dieses Feuer, dieser unbändige Glaube, das große Ziel doch noch zu erreichen. Ich merke, wir werden dieses Jahr kein Meister mehr.

Aber ich heule nicht. Ein »verdammter Mist« kommt mir schon über die Lippen. Doch zugleich sehe ich ein, dass wir es einfach nicht verdient hatten, Meister zu werden. Als es darauf ankam, sprach zu viel gegen uns: die Wechselgerüchte, individuelle Fehler, fehlende Kraft und zu viele Verletzte. Aber wir waren immerhin Dritter und uneinholbar vor den Bayern.

Jetzt ging es um »Schadensbegrenzung«: Wenn nicht wir, dann auch nicht Schalke! Rein sportlich hat diese Mannschaft zwar eine bärenstarke Saison gespielt, sie haben uns zweimal in unsere Einzelteile zerlegt, das muss man neidlos anerkennen. Aber: Einige Gründe, warum ich diesem Verein momentan eine Meisterschaft noch nicht gönne, kennen Sie ja bereits, aber es gibt noch mehr: Wenn sich eine Zeitung (ja, die mit den vier Buchstaben …) in ihrer Ruhrgebietsausgabe seit Januar tagtäglich damit beschäftigt, sich einen Schalker Spieler herauszupicken, um eine »Meisterstory« mit ihm zu präsentieren (Kostproben: Christian Pander: »Ich schreibe den Meister-Rap!«, oder Manuel Neuer: »So halte ich die Schale fest!«, oder Gerald Asamoah: »Bei Titelgewinn laufe ich von Dortmund nach Schalke!«), dann gehört das einfach bestraft! Das kann man machen, wenn es so weit ist! Aber vielleicht ist das zu uncool.

Wenn einige Schalke-Fans sich hinsetzen und in völliger Unterschätzung der Konkurrenten behaupten, dass der Titel schon zwei bis drei Spieltage vor Schluss in ihren Händen sei, finde ich es einfach nur schön, wenn es dann ganz anders kommt. Ich weiß noch, wie ich selbst gezittert habe, als Werder 2004 zeitweise elf (!) Punkte Vorsprung hatte. Ich hab nicht einen »Piep« von mir gegeben, bevor wir nicht durch waren.

Ich möchte nicht, dass jeder einzelne Schalker Fan sich von dieser Kritik angesprochen fühlt, denn ich kenne einige, die keine »große Klappe« haben, sondern still in sich hinein zittern oder auch völlig positiv die Leistung von Werder Bremen und anderen Vereinen anerkennen. Aber wenn diese Leute in der Mehrzahl wären, würde die Presse doch nicht immer so einen übertrieben euphorischen Quatsch schreiben. Letztens habe ich einen Fan auf DSF gehört, der sagte: »Wenn Schalke Meister wird, wackelt nicht nur Gelsenkirchen, sondern ganz Europa!« Ich glaube, da wackelt höchstens noch Mallorca …

Ich denke gerade darüber nach, wann die genauso traditionsreiche Hertha aus Berlin das letzte Mal Meister wurde. Die jammern nämlich nicht so laut rum, dass es jeder mitbekommt. Wegen dieser zu forschen Art fällt es mir wirklich schwer, den Schalkern die Daumen zu drücken.

Die logische Konsequenz war also: ab jetzt, ab der 65. Minute, Daumen drücken für den VfB. Eine junge, sympathische Überraschungsmannschaft, gespickt mit vielen deutschen Talenten, ohne große Stars und große Klappe. Wer die nicht mag, dem ist nicht zu helfen. Und tatsächlich, während Matzes BVB die Schalker mit 2:0 besiegte, gewannen die Schwaben noch 3:2 in Bochum und waren Erster!

Für Werder blieb auch nach dem 2:0-Sieg am letzten Spieltag in Wolfsburg nur Platz 3, aber Stuttgarts Meisterschaft nach einem abschließenden 2:1 gegen Cottbus hielt meine Enttäuschung noch halbwegs in Grenzen.

Wie sich aber dieselben blau-weißen Medien über »ihren« Verein hermachten, der ganz plötzlich und ach so »überraschend« doch kein Meister wurde, fand ich absolut bemitleidenswert. Da werden sie mit kleinen Unterbrechungen drei Monate lang schön hochgejubelt, und nun tut man so, als wäre nichts gewesen, und zieht sie wieder durch den Dreck und fragt sich, ob sie zu doof sind, um überhaupt noch mal Meister zu werden. Wirklich leid tut mir dieses Schalker Dilemma (wenn man bei Platz 2 überhaupt davon sprechen kann, ich meine, wir reden hier von Schalke 04, die stehen in der Ewigen Tabelle irgendwo, nur nicht oben) für solche Fans, die auch vorher schon skeptisch und realistischer waren als die großen Sprücheklopfer; und vor allem für den jungen Trainer Mirko Slomka, der unter diesen schwierigen Bedingungen einen Super-Job gemacht hat und immer bescheiden und höflich geblieben ist, sodass er von seiner Art her ja fast schon besser in Bremen aufgehoben wäre. Ich denke, wenn sich der ganze Schalker »Kult-Komplex« nicht bald eine Scheibe von seinem Trainer abschneidet, werden sie wirklich so schnell keinen Meistertitel mehr holen.

Auch wenn unser Weg leiser ist, in der Bundesliga-Historie trennen Bremen und Schalke Welten, aber das wird im Erlebnispark Veltins-Arena nie einer kapieren, das wird dann durch lustige Schlagwörter wie: »Schalke, dat is Religion! Das kann man mit Werder nicht vergleichen«, übertüncht. Es ist einfach albern gegenüber den anderen Klubs. Auch dass der Präsident Rehberg sich anschließend über die üble Häme aus Dortmund beschwert, die nun auf Schalke einprasselte, ist einfach nur kindisch. Wie hätten die Schalker wohl gepöbelt, wenn sie Dortmund am vorletzten Spieltag in die zweite Liga geschickt hätten …

Vielleicht fragen Sie sich jetzt, warum dieser Verein in einem Werder-Buch für mich so wichtig ist, dass er hier so präsent ist: Ich erkenne bei Schalke nämlich so viele Dinge, die ich bei Werder nie sehen möchte; wenn ich nach Schalke schaue, finde ich immer wieder die Bestätigung, dass ich von meinem Wesen her mich bei Werder einfach am besten aufgehoben fühle und dass ich, verdammt noch mal, froh bin, trotz aller regionalen »Gefahren« nicht nach Gelsenkirchen, sondern zu diesem mir eigentlich sehr fernen Verein an die Weser gezogen wurde. Ich bin kein Mensch der lauten Töne, ich respektiere jeden, der mit Herzblut für egal welchen Verein einsteht. Was ich nicht haben kann, ist, wenn mir irgendwelche Typen großkotzige Meisterparolen über den Tresen entgegenpfeffern und meinen, dass ihr Team das Nonplusultra sei, ohne jemals einen Bundesliga-Titel gewonnen zu haben. Ich habe an der Theke sogar mal eine Kiste Bier gegen einen Schalke-Fan gewonnen, der partout nicht glauben wollte, dass Werder in der Ewigen Tabelle vor Schalke steht (!). Wahnsinn, diese Einstellung …

Doch zurück zu Werder: Trotz allem muss man ein positives Fazit ziehen: Ich habe mit so einer guten Werder-Saison im Jahr eins nach Micoud gar nicht gerechnet. Ich hätte nicht gedacht, dass wir so weit oben mitspielen und mit Diego den Newcomer des Jahres in unseren Reihen haben würden. Dass wir wieder die meisten (76) Tore geschossen haben. Dass ein Per Mertesacker so bombig einschlagen würde, dass er uns richtig gefehlt hat, wenn er verletzt war. Dass der Klasnic-Ersatz, der Schwede Markus Rosenberg, sich gegen Saisonende so toll schlagen würde. Ich habe dieses schöne Gefühl im Bauch, dass ich, wenn alle fit sind (von den neuen Bayern vielleicht abgesehen), keine bessere Elf in dieser Liga sehe als unsere.

Tja, und aus dem »totalen Triumph«, einem Meister-Baby, wurde nun logischerweise auch nichts, denn nicht nur fußballerisch, sondern auch terminlich wurden wir nur dritter Sieger. Der liebe »Fötus« hatte wohl gemerkt, dass der 19. Mai 2007 (und auch der Mittwoch zuvor beim Werder-losen UEFA-Cup-Finale) dafür doch kein geeigneter Geburtstag sei, und entschied sich dafür, noch einige Tage im Bauch zu bleiben, weil er anscheinend spürte, dass im Werder-Hause Küpper die Stimmung noch nicht ganz perfekt für seinen Auftritt war …

Wir wussten aber mittlerweile, dass es ein Junge werden würde, sodass die Namenssuche eingeschränkt werden konnte. Als Jugendlicher hatte ich mir immer vorgenommen (so ticken nun mal manche Fussballfans), meinen Sohn nach einer Werder-Legende zu benennen. Aber Namen wie Wynton, Otto, Willi, Dieter, Rune oder Rudolf stoßen bei der angehenden Mutter im Allgemeinen auf äußerst wenig Gegenliebe. Man(n) hat praktisch nur eine einzige winzige Gelegenheit, so einen Namen tatsächlich durchzuboxen, nämlich dann, wenn man als frischgebackener Vater alleine (!) bei der Anmeldung im Rathaus sitzt. Ich habe allerdings noch nicht gehört, dass eine Ehe (oder ein Vater …) einen solchen Alleingang bei der Namensgebung schon mal überlebt hat. Also nahm ich innerlich von diesem Wunsch Abschied. Eines Tages haute Marion wieder einen neuen Vorschlag raus: »Jan, wie wär's mit ›Kalle‹? Einfach nur Kalle, kein Karl, Karl-Heinz oder Ähnliches. Einfach Kalle, wie Kalle Blomquist?«

Ich dachte nur: Kalle – wie Kalle Blomquist?! Dreht sie jetzt ganz durch? Das heißt Kalle – wie Kalle Riedle! Das ist der schönste Name, den es gibt! Um nicht aufzufallen, versuchte ich es in positiv gestimmter Zurückhaltung: »Kalle, klingt gut, Kalle Küpper, hört sich auch sympathisch an. Außerdem kenne ich niemanden aus unserem Umfeld, der einfach nur Kalle heißt. Super, Schatz, als offizieller schwedischer Vorname macht er auch keine Probleme beim Standesamt.«

Der Name war gebongt, und ich hatte das, wovon viele andere vergeblich träumen, einen Sohn mit Fußballernamen.

Kalle kam dann völlig »titellos« am 30. Mai 2007 zur Welt. Leider mit erheblichen Startschwierigkeiten, da er durch die Nase nicht atmen konnte und das Problem erst operativ gelöst werden musste, genau wie bei mir vor 30 Jahren. Die Leute sagen, dass er nicht nur wegen dieses Gen-Defektes sehr nach mir kommt, auch optisch. Ich denke, das ist schon mal eine verdammt gute Basis fürs spätere Fanleben

Viele Väter überlegen bekanntlich, wie man mit dem Nachwuchs fantechnisch umgeht. Tackert man direkt das ganze Kinderzimmer mit seinen Vereinsutensilien zu, oder lässt man ihm doch die freie Wahl? Ich bin mir noch nicht im Klaren. Natürlich haben wir für Kalle schon einen Heim- und einen Auswärtsstrampler von Werder auf der Kommode liegen. Das ist aber eher für den Vater ein Spaß, deswegen wird der Kleine nicht direkt Werder-Fan. Ich tendiere dahin, ihn nicht zu sehr zu beeinflussen, weil mein Papa, der Bayern-Fan, mich ja Gott sei Dank auch allein entfalten ließ. Was ich Kalle aber vorleben werde, sofern er für diesen Sport überhaupt empfänglich wird, sind Dinge wie Vereinstreue, Respekt vor dem Gegner, keine große Klappe zu haben, da man alles dreimal wiederkriegt, nicht mit der

Masse zu schwimmen und die Emotionen anzunehmen, die der Fußball mit sich bringt.

Ich fände es wirklich sehr, sehr schade, wenn er mit der Schultüte nach Hause kommt und sagt, Papa, ich bin ab jetzt Schalke-Fan, weil die meisten in meiner Klasse das hier sind. Vielleicht verguckt er sich ja auch in einen Schalker Spieler, so wie ich in Rudi Völler, das würde ich sofort »akzeptieren«. Nur, davor kann ich ihn mittlerweile warnen, wenn man bedenkt, wie schnell die Spieler heute wieder weg sind. Um heute als Fan dauerhaft glücklich zu sein, reichen Lieblingsspieler oder Lieblingstrikotfarben, die so manches Kind zu einem bestimmten Verein gebracht haben (hallo Matze!) nicht aus. Man muss auch bestimmte Vereinsphilosophien erkennen, die einen wie der Pfeil Amors urplötzlich ins Herz treffen. Wie erklären Sie Ihrem Sohn, dass sein Idol Miro Klose München plötzlich als Ausland betrachtet und Werder demnächst ein Tor einschenkt? Vielleicht bleibt der Sohn trotzdem bei Werder, aber erst einmal mit großer Trauer, weil Miro ihn doch irgendwie angelogen hat. Er ist noch nicht alt genug für abgezockte Sätze wie »Hauptsache, die Philosophie bei Werder bleibt, soll der Miro doch abhauen!« Aber ich wünsche diese Erkenntnis jedem jungen Fan so schnell wie möglich, damit er für weitere Spieler-Enttäuschungen gewappnet ist.

Ich habe mir dieses Jahr, aus Mitgefühl für seine Nierenerkrankung, mein Trikot mit »Klasnic« beflocken lassen. Eine Ausnahme, denn ich trage normalerweise nur noch »namenlose« Werdertrikots, denn mir wurde mit den Jahren immer mehr bewusst, dass ich trotz der Tricks und Tore einzelner Akteure diesen Verein SV Werder mehr als jeden einzelnen noch so großartigen Spieler liebe. (Es wäre auch einfach zu teuer, sich jedes Jahr wegen Spielerwechsels ein neues Trikot anzuschaffen, und zudem ziemlich bescheuert, sich mit einem Ailton-Trikot in die Werder-Fankurve zu stellen, während Toni uns gerade im Schalker Trikot einen einschenkt…).

Ich bin sehr gespannt auf die neue Saison, ich will es nun endlich fühlen, ob mich Werder als Vater genauso in den Bann zieht wie bisher. Ich hoffe es.

KAPITEL 21

Sommer 2007: Ein Rückblick voller Stolz

Wenn ich zurückblicke auf über 20 Jahre Fansein von Werder Bremen, muss ich feststellen, dass ich diesen Verein selten so geliebt habe wie heute. Ich wünsche, dass ich diesen Satz nach 20 Ehejahren auch zu meiner Frau sagen darf, im Jahre 2025 …

Und das liegt jetzt nicht unmittelbar daran, dass Werder gerade die besten vier Jahre am Stück hinter sich gebracht hat, sondern basiert auf dem Stolz, den ich habe, dass Werder in Zeiten von riesigen Stadionneubauten und Kreditaufnahmen der Konkurrenten seinen eigenen, hanseatisch sympathischen Weg gegangen ist, sich selbst treu geblieben ist. Und wenn dieser etwas »kleinere« Weg dann auch noch mit so vielen Erfolgen gepflastert ist, ist das umso schöner. Auch wenn der Erfolg mal ausgeblieben war, die Grundeinstellung bei Werder war die gleiche geblieben. Ob nach einer 1:3-Heimpleite gegen die Stuttgarter Kickers vor 15.000 Zuschauern im Weserstadion oder einem berauschenden 3:1-Meistersieg im ausverkauften Münchener Olympiastadion, immer lautete die Devise: Es wird nur das ausgegeben, was man tatsächlich hat. Als der Verein aktuell zum Beispiel erfuhr, dass die Stadionerweiterung mal eben 20 Millionen Euro teurer wird als ursprünglich geplant, hat er sich halt für eine abgespeckte Umbau-Version entschieden. Natürlich ist das peinlich, wenn vorher schon größere Pläne veröffentlicht wurden, allerdings finde ich diesen Entschluss äußerst vernünftig. Das öffentliche Gelächter ist eh nur von kurzer Dauer und den finanziellen Dauerdruck nicht wert.

Der Verein verfügt außerdem über ein exzellentes Selbsteinschätzungsgefühl, was vielen anderen Klubs einfach abgeht. Nach einer Meisterschaft wird nicht direkt die nächste als Ziel rausgehauen. Als Werder das Double 2004 gewann, war es das Ziel von Schaaf, Allofs und Co, sich dauerhaft unter den ersten fünf, wenn es optimal läuft, unter den ersten drei zu etablieren. Wie man sieht, wurde das Ziel erreicht. Andere Klubs gehen mit viel zu hohen Erwartungen in die Saison und zerbrechen dann an den internen und öffentlichen Unruhen, wenn es mal nicht wie gewünscht läuft.

Mir wird schlecht, wenn Vereine wie Wolfsburg 1997 aus der Versenkung auftauchen und nach einigen Jahren irgendwelche Champions-League-Ansprüche stellen. Jeder Verein hat aufgrund seiner Historie ein gewisses Standing, ich sage mal, einen Platz, wo er hingehört. Es kann nicht sein, dass die halbe Liga Platz 5 als Ziel ausgibt. Versuchen sollen sie alle, in den Europacup zu kommen, aber ich würde das (wie zum Beispiel der VfL Wolfsburg) nie vorher als Zielvorgabe hinausposaunen. Das gibt nur hausgemachten Ärger.

Es sollte immer ein Schuss Bescheidenheit walten, auch wenn viele Kritiker sagen, dass Werder Bremen mit seiner vergleichsweise zurückhaltenden Wirtschaftspolitik nie ein echter, großer internationaler Spitzenklub sein wird. Das müssen und können und wollen wir auch nicht sein. Bremen ist nicht Madrid. Wir sollten einfach Werder bleiben und all die mächtigen Klubs ab und an ärgern, dass es ihnen so richtig wehtut.

Ich denke, dass wir auch schnell mal wieder schlechtere sportliche Zeiten erleben könnten. Denn die Vergangenheit hat in Deutschland gezeigt, dass die Bayern immer oben sind und die anderen Klubs nur in Epochen mithalten können. Im Moment sind wir mal wieder in einer Bremer Bayern-Jäger-Epoche. Andere Bayern-Jäger haben bei ihren Jagdausflügen zuletzt ihr ganzes Pulver verschossen und müssen jetzt mit einer Steinschleuder weiterschießen.

Wenn wir mal als Bayern-Jäger abgelöst werden sollten, können wir uns trotzdem noch ein schickes Gewehr und Munition leisten. Weil wir auch im Erfolg gezielt geschossen und nicht blind drauflosgeballert haben.

So sehe ich einer Werder-Zukunft entgegen, nach der die meisten anderen Vereine sich die Finger lecken würden: Wir sind endgültig, in der gesamten sportlichen Entwicklung der letzten Jahre betrachtet, die Nummer zwei in Deutschland. Sollten wir die Quali schaffen, spielen wir zum vierten Mal in Folge in der Champions League, unser Stadion wird noch moderner und größer, und unsere Sympathiewerte rasen bundesweit in die Höhe. Werder dient mittlerweile als Vorbild für andere Vereine. Es ist kein Zufall, dass ausgerechnet der VfB Stuttgart dieses Jahr knapp am Double vorbeigeschrammt ist. Auch die haben erkannt, was eine kompetente sportliche Leitung, mit einem ruhigen Trainer und einem cleveren Manager mit Spielererfahrung, alles bewirken kann. Gibt es eine schönere Bestätigung, als wenn der aktuelle Meistercoach Armin Veh sagt, dass er die Werder-Bremen-Politik nachstrebenswerter findet als die der Bayern?

Aber die Zukunft birgt auch Gefahren. Es besteht die Gefahr, dass Werder durch seine momentanen Erfolge Probleme bekommt, die es nie haben wollte.

Schon in dieser Saison gab es kritische Töne, da man »nur« Dritter geworden ist. Natürlich war mehr drin, aber wären die Bayern nicht so schlecht gewesen, hätte man – auch bei den ganzen Problemen, die zu verkraften waren – auch mal leicht Vierter werden können. Wir haben es uns hart erarbeitet, dass wir vor einer Saison jetzt sagen können, ohne dabei ausgelacht zu werden: »Ja, wir möchten (Betonung auf: MÖCHTEN) Meister werden!« Aber wenn ein dritter Platz in Bremen zukünftig nichts mehr wert sein sollte, dann müsste ich mir, ideologisch betrachtet, meine Gedanken machen. Das darf und wird einfach nicht passieren. Da müssen auch wir Fans uns gegenseitig kontrollieren und uns immer wieder darauf hinweisen, wo unser geliebter SV Werder herkommt, uns immer wieder vor Augen halten, dass es auch immer wieder mal schlechtere Zeiten geben kann (die aktuelle Verletztenmisere lässt ja auch nichts Gutes erahnen …) und es die jetzige (sehr erfolgreiche) Zeit einfach zu genießen gilt. Werder muss immer am Ball bleiben, uns diese blendende Nische erhalten, die wir so wunderschön ausfüllen mit dieser unkonventionellen, aber so erfolgreichen Einkaufspolitik, mit dieser Bodenhaftung und Bescheidenheit trotz aller Erfolge, mit dieser Kontinuität bei dem Führungspersonal, mit diesem in der Liga einzigartigen Offensivfußball, mit diesem sympathischen Weserstadion mit seiner einzigartigen Lage.

Ich hoffe, dass Thomas Schaaf und Klaus Allofs in der Lage sind, den Weg, den sie bisher eingeschlagen haben, nämlich die sportlichen Säulen und Identifikationsfiguren der Fans längerfristig an Werder zu binden, weitergehen können. Und wir Fans müssen sie dabei unterstützen: Sollte ein Spieler unserem Verein unverständlicherweise nicht mehr gewogen sein, dann müssen wir lernen, damit umzugehen. Denn wie sagt der beste Manager der Liga: »Werder ist stärker als jeder einzelne Spieler!«

Der beste Beweis für diese These sind wir, die Fans, die Nr. 12! Wenn ich mir nur die schmerzhaften Abgänge in diesem kleinen Buch anschaue, angefangen bei Rudi Völler über Riedle und Pizarro bis hin zu Joe Micoud und Miro Klose, dann bin ich einfach nur stolz, dass wir Fans alle immer noch 100 Prozent Werder geblieben sind. Spieler kommen und gehen, aber unsere Liebe bleibt.

KAPITEL 22

Das bin ich!

Wie kann man sich das Leben eines Werder-Verrückten wie mir im Alltag vorstellen?

Zuerst einmal gilt es klipp und klar festzustellen, auch wenn das jetzt einer öffentlichen Entblößung gleichkommt, dass die Anzahl der Momente, an denen ich überhaupt nicht an Werder Bremen denke, eindeutig geringer ist als die Zeit, in der ich über Werder sinniere. Das ist Fakt, ob das bemitleidenswert oder unverantwortlich ist, möchte ich nicht beurteilen.

Natürlich bin ich in der Lage, den Fußball komplett wegzuwischen, wenn es darauf ankommt. Aber solche Phasen sind in meinem Leben zumindest nur vereinzelt vorgekommen. Dazu zähle ich zum Beispiel absoluten Prüfungsstress in der Schul- und Lehrzeit, allerdings wirklich nur exakt während der Arbeiten. Wird die engste Familie von Schicksalsschlägen getroffen, was Gott sei Dank nicht zu oft vorkommt, schaltet mein »Werder-Gehirn« ab und macht Platz für den wichtigeren Part. In dem Moment, als unser Sohn Kalle die Welt betrat, spielte Werder natürlich auch keine Rolle, wohl aber in den vielen langweiligen Wartestunden zuvor am Entspannungsbecken meiner Frau (»hmh, kommt Carlos Alberto oder nicht…?«).

Wenn ich in der Küche stehe und zum Beispiel im »à-la-carte-Geschäft« vor lauter Bestellungen nicht mehr weiß, wo vorn und hinten ist, gilt meine Konzentration natürlich ausschließlich den Gästen, egal ob wir gerade eine empfindliche Niederlage gekriegt haben oder frisch gekürter Meister geworden sind.

Im Umkehrschluss bedeutet dies aber auch, dass ich in weniger stressigen Arbeitsmomenten sehr wohl und sehr viel an Werder denke. Wenn ich zum Beispiel aus 80 Schweinefilets 500 Medaillons schneiden muss, wird diese etwas eintönige Arbeit durch das Nachdenken über unseren nächsten Gegner doch gleich viel unterhaltsamer.

Wenn ich schließlich an der Theke arbeite, werde ich von den meisten Gästen spätestens im dritten Satz auf meinen Verein angesprochen. Wenn wir verlieren, sogar vor der eigentlichen Begrüßung.

Es kommt auch mal vor, dass eine Spülfrau aus meiner Küche schon im Vorfeld zusammenzuckt, wenn sie merkt, dass ein Werder-Spiel in ihre Abendschicht fällt. Es könnte sein, dass ich schlechte Laune habe …

Wenn ich nachts nicht einschlafen kann, zähle ich keine »Schäfchen«, sondern picke mir zum Beispiel in Gedanken einen x-beliebigen Werder-Gegner raus, sagen wir mal Bayer Leverkusen. Dann versuche ich im Kopf alle Ergebnisse dieser Paarung chronologisch aneinanderzureihen, wie sie mir seit 1986 einfallen. Das hat wirklich was von »Wetten dass!« und ist nicht einfach. Es trainiert allerdings das Gehirn und macht müde, sodass ich meist während der Spiele der Saison 2003/04 einschlafe. Sollte ich dann allerdings immer noch wach sein, knüpfe ich mir die Torschützen dieser Partien vor. Aber spätestens dann bin auch ich kurz vorm Einschlafen.

Wenn ich mit meiner Frau an spielfreien Zeiten zusammensitze, kann es sehr wohl vorkommen, dass ich in den von mir heiß ersehnten Werbepausen der fußballfreien Sendungen schnell nach der Fernbedienung schnappe, um die Fußballnachrichten, die ich schon auf dem Videotext der ARD gelesen habe, mit denen von Sat1 zu vergleichen, um ja keine winzige Information zu verpassen. Meine Frau schüttelt stets den Kopf darüber, dass ich mir immer alles dreimal durchlesen muss. Sie spottet auch, dass die Tabelle sich nicht minütlich verändert, wenn ich mir stolz wie Oskar vier Tage nach einem Spiel zum hundertsten Mal im Viedotext anschaue, wie Werder von Platz 1 grüßt.Sie hat ja verdammt Recht, aber ich kann es trotzdem nicht lassen.

Über Tage, an denen Werder im TV läuft, brauche ich hier natürlich nicht zu berichten, da gehören meiner Frau allenfalls die Werbeunterbrechungen, oder man schaut getrennt.

Ansonsten gehört meine Freizeit, solange der Kleine mich noch lässt, dem »Kicker«, der »Sport-Bild«, der »11freunde«, dem Internet mit Werder.de, meiner Online-Managerliga mit alten Schulkollegen und einem Online-Tippspiel, in deren Foren man wunderbar mit Kumpels über Fußball chatten kann. Und als Ziel, worauf man wochenlang hinarbeitet, dient das Weserstadion, dass ich im Schnitt vier- bis fünfmal im Jahr besuche.

Manchmal denke ich auch, ob es nicht erstrebenswert wäre, einen Beruf mit »normalen« Arbeitszeiten zu haben, um mir zum Beispiel eine Dauerkarte für die Ostkurve zuzulegen. Natürlich wäre das einerseits reizvoll, aber ich glaube, dann würde für mich ein gewisser Zauber wegbrechen. Die Vorstellung, alle zwei Wochen 500 Kilometer zu fahren, um Werder zu sehen, reizt mich gar nicht so sehr. Erst einmal ist das mit einem hohen finanziellen und zeitlichen Aufwand verbunden, und zum zweiten glaube ich, hätte ich durch diese Routine ein anderes Verhältnis zum Spiel, und vielleicht auch zur Mannschaft. Wahrscheinlich würde ich an das Team zu hohe Erwartungen stellen, was nicht gerechtfertigt wäre. Nur weil ich Schlumpf jedes Mal dahin düse, legen die nicht eine Schüppe drauf oder geben mir eine Unterhaltungsgarantie …

Wenn ich heute weiß, ich fahre morgen nach Bremen, dann kann ich vor Vorfreude kaum schlafen. Das fühlt sich an wie Weihnachten. Wüsste ich aber, ich fahr heute hin und in zwei Wochen wieder, und 14 Tage später auch, und den anschließenden Mittwoch sowieso, dann würde ich schon aus körperlichen Gründen zusehen, schleunigst einzuschlafen. Nein, das wäre nicht das Richtige für mich, es würde auch nicht zu mir passen. Wenn das Spiel läuft, wäre ich natürlich gerne jedes Mal im Stadion, aber dieses ganze Zusatzprogramm, nein, das würde sich abnutzen, es würde an Faszination verlieren.

Ich hatte bisher immer was zu erzählen, wenn ich aus Bremen wiederkam. Bin gespannt, wann ich mal wieder »darf«. Als Vater soll das ja nicht mehr so einfach sein …

Meine persönlichen Werder-Listen

Persönliche Emotionen I: Die schlimmsten Niederlagen

1.: CL-Achtelfinale, Rückspiel 2006: Juventus Turin – Werder 2:1

Durch so einen Torwartfehler auszuscheiden gegen so eine Top-Mannschaft zu so einem späten Zeitpunkt, und anschließend noch Scheidungsgerüchte: Schlimmer geht es nicht!

2.: DFB-Pokal 1990: 1. FC Kaiserslautern – Werder 3:2

Als haushoher Favorit bis zum 3:0 vorgeführt zu werden von einem Fast-Zweitligisten in einem Pokalfinale, tut einem 13-Jährigen so richtig weh.

3.: DFB-Pokal 1989: BVB – Werder 4:1

Mein erstes Pokalfinale, tat nicht ganz so weh wie das obige, da Dortmund eine namhaftere Truppe hatte.

4.: April 1999: Werder – Eintracht Frankfurt 1:2

Der Abstieg naht, und Werder spielt grottenschlecht. Untergangsstimmung im Weserstadion.

5.: Letzter Spieltag 1995: FC Bayern – Werder 3:1

Der Meistertitel ist futsch, und das bei Ottos zukünftigem Verein.

6.: Vorletzter Spieltag 1986: Werder – FC Bayern 0:0

Kutzops verschossener Elfer kostete Werder die Meisterschaft. Tat allerdings erst später richtig weh, als ich das Punktesystem verstand…

7.: Letzter Spieltag 1986: VfB Stuttgart – Werder 2:1
Lang ersehnte Meisterschaft ist endgültig futsch. Eintreten der Schmerzen siehe »6«.

8.: CL-Gruppenphase 1994:
AC Mailand – Werder 2:1
Ein Luftloch von Libero Frank Neubarth sorgt kurz vor Schluss für den Mailänder Sieg. Was hätte dieses Unentschieden uns bedeutet – gegen diese Startruppe.

9.: CL-Gruppenphase 1994: Werder – FC Porto 0:5
»Meine« höchste Heimniederlage live vor Ort, und das in so einem wichtigen Spiel.

10.: DFB-Pokal 2002: KFC Uerdingen – Werder 5:4 nach Elfmeterschießen
Peinliche Vorstellung beim Drittligisten. Kein guter Beginn eines Wochenendes bei Marion in Aachen. Da war ich nicht traurig, sondern einfach nur sauer. Selten eine so arrogante Leistung live gesehen.

11.: Saison 1992/93: Karlsruher SC – Werder 5:2
Nach grandiosem Start mit Traumfußball und 2:0-Führung von Kirjakow und Co noch abgeschossen worden. Grausamer Videotextabend neben meinem Vater.

Persönliche Emotionen II: Die schönsten Siege

1.: Mai 2004: FC Bayern – Werder 1:3
An diesen meisterschaftsbringenden Sieg beim Erzrivalen denke ich auch heute noch jeden Tag. Ich glaube, der nach vorn schauende Trainer Thomas Schaaf würde mir das verbieten …

2.: Letzter Spieltag 1993: VfB Stuttgart – Werder 0:3
Dieser Sieg klaute Bayern die Meisterschaft, die Rache für 1986; einfach nur schön.

3.: Mai 2004: DFB-Pokal: Werder – Alem. Aachen 3:2
Durch diesen Sieg hatte Werder zum ersten Mal das Double und ich das schönste Schützenfest meines Lebens!

4.: CL-Gruppenphase 1993: Werder – RSC Anderlecht 5:3
Live im Stadion mitzuerleben, wie aus einem 0:3 nach 65 Minuten noch ein 5:3 wird, ist einfach der Wahnsinn. Rein sportlich hatte dieser Sieg am Saisonende gar keinen Wert, aber das wusste man in diesem Moment ja noch nicht.

5.: 1999, DFB-Pokal, Halbfinale: VfL Wolfsburg – Werder 0:1
Kurz vor dem Abstieg stehend aus einer Chance das Tor zu schießen, dann noch in der letzten Minute einen Elfmeter zu halten und damit ins Pokalfinale zu kommen, so etwas ist live im Stadion ein absolutes Highlight. Man hatte endlich mal wieder das Gefühl, man sei wieder wer. Automatische UEFA-Cup-Qualifizierung.

6.: UEFA-Pokal 1999/2000: Werder – Olympique Lyon 4:0

Nach 0:3-Hinspiel-Niederlage auf diese Art weiterzukommen, ist grandios. Auch wenn nur 10.000 Zuschauer im Stadion sind.

7.: DFB-Pokal, Viertelfinale 2004:
SpVgg Greuther Fürth – Werder 2:3

Mit zehn Mann in der letzten Minute ein 1:2 aufzuholen, ist einfach unfassbar. Es wäre auch unfassbar schlimm gewesen, wenn das nicht geklappt hätte, bei der langen An- und Abreise.

8.: April 1988: Frankfurt – Werder 0:1

Kalle Riedles Kopfballtor und die damit perfekte Meisterschaft verfolgte ich abends am Radio. Hab mich als Elfjähriger sehr gefreut, allerdings nicht ganz so überschwänglich, weil Werder in diesem Jahr zu dominant war und die Meisterschaft nur eine Frage der Zeit.

9.: CL-Achtelfinale, Februar 2006:
Werder – Juventus Turin 3:2

Geniale Aufholjagd und ein Hexenkessel im Weserstadion. Ein großer Sieg gegen ein großes Team. Reichte leider nicht für das Rückspiel (siehe die schlimmsten Niederlagen), aber trotzdem ein magischer Abend.

10.: Mai 2006: HSV – Werder 1:2

Durch diesen Sieg wurde Werder am letzten Spieltag Vizemeister und auch tabellarisch zur Nr. 1 im Norden.

11.: Letzter Spieltag 2005:
1. FC Kaiserslautern – Werder 1:2
Dieser »normale« Sieg wurde durch die Schusseligkeiten der Teams aus Stuttgart und Berlin erst richtig schön. Da beide es nicht schafften, ihr Heimspiel zu gewinnen, kletterte Werder in allerletzter Sekunde von Platz 5 auf 3, was die CL-Quali bedeutete. Ist schon cool, wenn man auf drei Partien gleichzeitig achten muss – und am Ende alle für dich spielen.

Meine persönliche Werder-Elf (seit 1985)

(Abweichungen zur tatsächlichen Werder-Elf des Jahrhunderts kommen dadurch zustande, dass bestimmte Spieler in meiner Fanzeit nicht oder nur zu kurz das Werder-Trikot trugen.)

Tor: Oliver Reck

Er war mein erster »richtiger« Torwart. An seinen Vorgänger Burdenski hab ich nicht viele Erinnerungen, und Olli holte mit uns die meisten Titel. Einziger Makel: sein Spruch gleich zu Beginn seiner Ruhrpottzeit: »Einmal Schalker, immer Schalker!« Das hebt sich aber durch seinen weiterhin guten Draht zu Werder auf. Außerdem bewahrte er Werder vor dem Abstieg, als er 1999 im Schicksalsspiel als Schalker Keeper eine Flanke unterlief, die zu Werders 1:0-Sieg führte.

Linker Verteidiger: Marco Bode

Werders eigentlich bester linker Verteidiger Johnny Otten spielt aufgrund der (auch verletzungsbedingt) kurzen Zeit, die ich »mit ihm« hatte, in meinem Gedächtnis keine große Rolle. Und da Marco Bode, Werder-Rekord-Torschütze, diese Position oft spielen musste, spielt er sie jetzt auch bei mir. Außerdem gehört er allein wegen seiner Vereinstreue in meine Elf.

Innenverteidiger: Rune Bratseth

Er kam als Schnäppchen und ging als Weltstar! Der Norweger war für Jahre der mit Abstand beste Ausputzer der Liga und obendrein noch sehr sympathisch. Holte zahlreiche Titel mit Werder.

Innenverteidiger: Valerien Ismael

Kritiker werden jetzt sagen, wie einer in nur zwei Jahren Werder-Zeit sich so verewigen darf. Valle kam 2003 aus Straßburg, sprach nach einem halben Jahr fließend deutsch, wurde zum Topverteidiger der Bundesliga und zum absoluten Leader bei Werder. Nach einem Jahr stimmte er auf dem Rathausbalkon »An der Nordseeküste« an, als Werder die Meisterfeier zelebrierte. In seinem zweiten und letzten Jahr hielt er als einsamer Ritter Werders Abwehr zusammen und hatte einen Riesenanteil an Platz 3. Der Person Ismael trauere ich heute noch nach. Seinen Wechsel zu Bayern habe ich ihm verziehen, weil ich mich von ihm nicht verschaukelt fühlte. Man merkt Valle an, dass er Bremen noch im Herzen trägt.

Rechter Verteidiger: Mario Basler

Eigentlich ein genialer Mittelfeldspieler, aber da ich ihn ja irgendwo unterbringen möchte, bekommt er die Position, auf der er nur in den übelsten Notfällen spielen musste. Basler kam als Zweitligaspieler und wurde 1995 Vizemeister und Torschützenkönig, 1994 reichte es immerhin zum Pokalsieg. Vor allem die Art und Weise seiner Tore und Pässe zwingen ihn in diese Elf. Wie bei vielen Spielern kann man auch bei ihm sagen: Sein bestes Jahr hatte er in Bremen

Defensives Mittelfeld: Frank Baumann

Seit 1999 im Verein und immer einer der beständigsten. Der oft unterschätze Abräumer war im Double-Jahr 2004 der heimliche Chef. »Baumi« war der beste Co-Assistent der Liga. Wenn ein Spieler einen Zauberpass spielen konnte, hatte er den Ball meistens vorher von Käpt'n Baumann bekommen. Hat auch wegen seiner Vereinstreue den Sprung in diese Elf verdient.

Defensives Mittelfeld: Dieter Eilts

Werderaner durch und durch. Der ruhige Ostfriese ließ nur die Leistung sprechen. Durch seine grandiose EM 1996 ein großer Imageträger von Werder Bremen. Titelhamster!

Offensives Mittelfeld: Andi Herzog

Der Österreicher war in seiner Zeit der genialste Spielmacher der Bundesliga. Außerdem eine große Identifikationsfigur, was durch seine Flucht aus München zurück an die Weser noch bestärkt wurde. Leider oft verletzt, gab aber in guten wie in schlechten Zeiten immer 100 Prozent für Werder.

Offensives Mittelfeld: Johan Micoud

»Le chef« war bisher der beste Fußballer, den ich im Werder-Trikot gesehen habe. Er war besser als Herzog, aber das glich Herzog durch seine Persönlichkeit wieder aus. Schade, dass diese beiden aufgrund ihres Alters nie zusammengespielt haben. Ein »normaler« Trainer hätte diese Kombination wahrscheinlich auch nie gewagt. Johan Micoud ist es zum größten Teil zu verdanken, dass Werder seit dem Jahr 2002 die beste Zeit seiner Vereinsgeschichte erlebt. Merci Joe, mach es gut!

Stürmer: Wynton Rufer
Kiwi war menschlich der größte Einkauf der Vereinsgeschichte. Technisch war er sogar auf einer Stufe mit Micoud. Gewann zahlreiche Titel mit Werder und wurde völlig zu Recht zum »Jahrhundertfußballer Ozeaniens« gewählt. Dass er ab und zu mal ein Tor zu wenig schoss, gleicht sich durch seine hübsche Frau Lisa aus, durch seinen Humor – und durch seinen Handstandlauf nach dem Anderlecht-Spiel.

Stürmer: Rudi Völler
Er gewann mit Werder leider nur Sympathien und keine Titel. Allerdings stünde Werder heute ohne seine 97 Tore nicht da, wo es jetzt ist. Und »Rudi Nationale« wäre ohne Werder wohl auch nie Weltmeister geworden, behaupte ich jetzt mal. Auch wenn Rudi heute in Leverkusen arbeitet, weiß ich, dass ein Teil seines Herzens noch in Bremen ist. Ich hab ihn leider nicht so oft sehen können wie zum Beispiel Ailton oder Klose. Aber bitte, ihm habe ich meine Leidenschaft (und dieses bescheidene Schriftstück) zu verdanken! Außerdem ist er nie nach Bayern gegangen, sondern nach Rom. Das war zu verkraften.

Trainer: Otto Rehhagel
Wäre Otto nicht in Bremen gewesen, wäre Rudi Völler nicht gekommen und ich wahrscheinlich kein Versuchsautor… Das sagt alles. Wer 14 Jahre in einem Verein Erfolge feiert, ist ein großer Trainer.

Co-Trainer: Thomas Schaaf
Als Otto ging, war Werder am Boden, jetzt ist Thomas da, und wir sind oben. Auch wenn er es nicht gerne hört, es ist auch das »Stückchen Otto«, was in ihm ist, das ihn zum Trainer 1b der Werder-Geschichte macht. Ein Toptrainer, der jetzt schon wieder über acht Jahre im Amt ist. Die Zeit vergeht. Top-Management-Duo mit Klaus Allofs.

Ersatzbank:

Torsten Frings: Er wollte nicht in einem Atemzug mit Eilts und Bode genannt werden, also nur die Reservistenrolle, aber mit Stammplatzperspektive, wenn er seine Karriere nun doch bei Werder beenden wird.

Fabian Ernst: Hat sich mit seinem Wechsel nach Schalke nicht nur die WM-Teilnahme 2006 versaut, sondern auch einen Platz in meiner Elf. Aber Topspieler in der Double-Saison. Danke dafür.

Ailton: Eigentlich sportlich sogar vor Wynton Rufer. Durch seinen Wechsel nach Schalke zum dämlichsten Zeitpunkt überhaupt hat er sich einige Sympathien verspielt. Seine Tore werden wir aber nie vergessen. Danke Toni.

Kalle Riedle: Seine lange Zeit bei Borussia Dortmund verhindert einen Stammplatz. Doch auch für ihn gilt: Am besten spielte er in Bremen. Mein erstes selbstständig ausgesuchtes Fußballidol, ganz ohne Schwester.

Frank Neubarth: Frankie-Boy schoss genau wie Rudi 97 Tore; zahlreiche Verletzungen verhinderten aber eine Karriere als internationaler Superstar. Sympathischer Werderaner; klasse, dass er nie ein Bayern-Angebot angenommen hat; netter Kerl, später auch als Libero sehr zu gebrauchen.

Diego: Was soll man über ihn noch sagen? Er hat mich zweimal überrascht: Ich hätte nie gedacht, dass er von Beginn an zum absoluten Leistungsträger wird und zur Hauptattraktion der Bundesliga – und auch nicht, dass er nun (im Herbst 2007) als letzter Mohikaner in Werders Mittelfeld-Raute als 22-Jähriger die Verantwortung übernimmt, ohne dabei das Tricksen zu vergessen. Ohne ihn hätten wir die CL-Quali gegen Zagreb nicht geschafft. Dafür schon mal ein Platz auf meiner Ersatzbank. Und wenn er noch zwei bis drei Jahre bleibt, kommt er zusammen mit „Lutscher" in meine Stammelf.

Tribünenplatz:

Miro Klose: Miro hätte das Zeug gehabt, sportlich und menschlich, ein neuer Rudi Völler zu werden. 53 Treffer in drei Jahren Werder, überaus faires Verhalten auf dem Platz, das alles wurde leider sportlich und menschlich in seiner letzten Halbserie zerbombt. In seiner sportlichen Krise stand

Werder noch beispiellos hinter ihm, während alle anderen seine torlosen Minuten zählten. Ich mochte Klose und hätte ihn auch immer wieder aufgestellt. Doch Miro zahlte das Vertrauen nicht zurück, im Gegenteil: Menschlich ging es steil bergab: Der einstige Fairnesspokalsieger fiel immer häufiger durch dreiste Schwalben und Lügen auf, traf sich zu Geheimverhandlungen mit dem »ausländischen« Klub aus München! Auf dem Weg zu Werders Rekordtorjäger und »Everybody´s Darling« hat er sich selbst ausgebremst. Wirklich schade. Es tut mir in der Seele weh, dass ich diesen Text noch ändern musste.In einem Punkt zog Miro aber mit Rudi gleich: Auch er blieb titellos …

Claudio Pizarro: Wahnsinnsfußballer! Seinen besten Ball spielte er ebenfalls in Bremen. Er war schließlich zu gut für uns und ging nach Bayern. Schade, dass er gehaltsmäßig zu »versaut« ist, hätte ihn gern wieder bei uns gesehen.

Der Autor

Jan Küpper wurde sozusagen als Gastronom am 8. Februar 1977 in Bocholt geboren. Einige Jahre später, genauer am Freitag, 9. August 1985, wurde er freundlicherweise noch mal zur Welt gebracht und zwar als Werder-Fan im »Kreißsaal Gelsenkirchener Parkstadion«, unter starker Mithilfe eines »Geburtshelfers« namens Rudolf Völler.

Bis in den heutigen Tag hinein versucht er nun immer noch verzweifelt, seinen beiden »Egos« gerecht zu werden, ohne dabei seine Familie zu schädigen.